Bankrechtstag 2018
BrV 40

Schriftenreihe der Bankrechtlichen Vereinigung

Herausgegeben von
Andreas Früh
Christian Grüneberg
Katja Langenbucher
Rainer Metz
Peter O. Mülbert

Band 40

Bankrechtstag 2018

DE GRUYTER

Zitierweise: *Autor* in: Bankrechtstag 2018

ISBN 978-3-11-064053-3
e-ISBN (E-Book) 978-3-11-064110-3
e-ISBN (E-Pub) 978-3-11-064075-5

Bibliografische Information der Deutschen Nationalbibliothek
Die Deutsche Nationalbibliothek verzeichnet diese Publikation in der Deutschen Nationalbibliografie; detaillierte bibliografische Daten sind im Internet über http://dnb.dnb.de abrufbar.

Druck und Bindung: CPI books GmbH, Leck

www.degruyter.com

Vorwort

Der Bankrechtstag 2018 der Bankrechtlichen Vereinigung – Wissenschaftliche Gesellschaft für Bankrecht e.V. fand am 29. Juni im Palais Ferstel in Wien mit etwa 240 Teilnehmern statt.

In der ersten Abteilung unter der Leitung von *R. Bollenberger* beleuchteten zunächst *N. Forgó* und *D. Selig* die „Umsetzung der Datenschutz-Grundverordnung in der österreichischen und deutschen Kreditwirtschaft“. Dabei erläuterte *Selig* die erweiterten Anforderungen an den Umgang mit personenbezogenen Daten und die Schwierigkeiten der Umsetzung der Datenschutzgrundverordnung (DSGVO) insbesondere aus verbandspolitischer Sicht. Seit dieser frühen Standortbestimmung nach dem Geltungsbeginn der DSGVO zum 25.05.2018 ist ein beträchtlicher Erfahrungszuwachs mit diesem anspruchsvollen datenschutzrechtlichen Rechtsrahmen zu verzeichnen. Sodann widmete sich *R. Freitag* sich in seinem Vortrag zur „Digitalisierung von Bankprodukten im Lichte des BGB“ den vorvertraglichen Informationspflichten sowie dem Text- und Schriftformerfordernis im Digitalgeschäft. Dabei musste er feststellen, dass bestehende bürgerlich-rechtliche (Form-)Erfordernisse sich in mehrfacher Hinsicht als Schranken für eine wünschenswerte weitere Digitalisierung erweisen, und dass weitere Anpassungen des BGB an das digitale Zeitalter geboten erscheinen. *N. Rauer* beschäftigte sich mit dem Verhältnis der DSGVO zur zweiten Zahlungsdiensterichtlinie (EU) 2015/2366 (PSD II). Seine Betonung des Charakters der PSD II als einer sektoralen Regelung, also einer lediglich zahlungsverkehrsrechtliche Belange abdeckenden Regelung veranlasste ihn nicht zuletzt zu der These, dass die Datennutzungsbeschränkungen der PSD II für Kontoinformationsdienstleister und Zahlungsauslösedienstleister keine Sperrwirkung für eine sonstige Nutzung der Daten bedeuten, sofern nur diese unter datenschutzrechtlichen Gesichtspunkten gerechtfertigt ist.

In der zweiten Abteilung unter der Leitung von *M. Artz* zeigte zunächst *C. Grüneberg* auf, dass die vom BGH vor etwa 20 Jahren zur „Vorfälligkeitsentschädigung“ entwickelten Grundsätze außerhalb des Verbraucherdarlehensvertrags weiterhin Geltung beanspruchen. Für den Bereich des Verbraucherdarlehensvertrags liegt es hingegen, insbesondere was die Berechnung der Höhe einer etwaigen Vorfälligkeitsentschädigung anbelangt, weniger eindeutig, nicht zuletzt aufgrund der Vorgaben der Wohnimmobilienkredit-Richtlinie, weswegen er diesbezüglich sogar für ein Eingreifen des Gesetzgebers offen ist. *M. Spitzer* und *J. Wittig* stellten sodann die jeweiligen „Erfahrungen mit der Umsetzung der Wohnimmobilienkredit-Richtlinie“ in Deutschland und Österreich vor. Ein erster Unterschied zeigt sich insoweit schon beim jeweiligen Standort der Umsetzung. In

https://doi.org/10.1515/9783110641103-001

der deutschen Umsetzungstradition kam es zur Umsetzung in den §§ 491 ff. BGB mit den zwei neuen Kategorien Allgemein-Verbraucherdarlehensvertrag und Immobiliar-Verbraucherdarlehensvertrag, wogegen Österreich entsprechend seiner Umsetzungstradition mit dem sog. Hypothekar- und Wohnimmobilienkreditgesetz (HIKrG) ein eigenes Gesetz schuf. Zudem verlief die Umsetzung in Österreich ohne größere Diskussionen. Das gab *Spitzer* die Gelegenheit, sich mit den Eigenheiten der sog. EBA-Leitlinien zur Schaffung einer einheitlichen unionsweiten Bankenaufsicht zu beschäftigen und zu konstatieren, dass deren Rechtsnatur in Österreich zwar weitgehend ungeklärt, ihre Beachtung jedoch zwingend geboten sei. Demgegenüber zeigte der Vortrag von *Wittig* anschaulich, welche Bedenken in der deutschen Diskussion anlässlich der Umsetzung der Richtlinie vor allem von Seiten der Kreditwirtschaft geäußert worden waren und inwiefern der deutsche Gesetzgeber mit der Neuregelung des § 505a Abs. 3 BGB hierauf reagierte, ohne freilich diese Bedenken rechtssicher auszuräumen.

Das Stichwortverzeichnis wurde von *Franziska Schoder*, Universität Mainz, erstellt. Allen, die zum Gelingen des Bankrechtstages 2018 beigetragen haben, allen voran Frau *Sylvia Mahler*, sei besonders gedankt.

München, Karlsruhe, Frankfurt,
Krefeld, Mainz
Im Juni 2019

Früh, Grüneberg, Langenbucher,
Metz, Mülbert

Inhalt

1. Abteilung

2. Abteilung

1. Abteilung

Robert Freitag

Digitalisierung von Bankprodukten im Lichte des BGB

1 Einführung

Die Kreditwirtschaft arbeitet im Rahmen der Digitalisierung nicht nur an der Entwicklung gänzlich neuer Produkte, sondern will selbstverständlich auch möglichst viele klassische Bankprodukte möglichst vollständig online anbieten. Idealiter beinhaltet letzteres die Verwendung des Digitalkanals von der Wiege bis zur Bahre, das heißt von der Begründung der Geschäftsverbindung bis hin zur Erfüllung derselben. Die Digitalisierung evoziert in Abhängigkeit vom jeweiligen Produkt vielfältige Rechtsfragen, die umfassend zu thematisieren den Rahmen

Prof. Dr. Robert Freitag, Friedrich-Alexander-Universität Erlangen-Nürnberg

https://doi.org/10.1515/9783110641103-002

sprengen würde. Statt dessen soll der Fokus der folgenden Ausführungen produktbezogen auf Verbraucherdarlehens- und Zahlungsdiensterahmenverträgen mit Verbrauchern liegen.[1] Bei beiden Produkten handelt es sich um typische Massengeschäfte des retail-banking, bei denen ähnliche, wenngleich im Einzelnen doch unterschiedliche Rechtsregeln zur Anwendung gelangen. Thematisch sind im Wesentlichen die bei Anbahnung, Abschluss und im laufenden Vertragsverhältnis zu beachtenden Informations-, Mitteilungs-, Erläuterungs- und Dokumentenaushändigungspflichten sowie Formvorgaben näher zu untersuchen. Die einschlägigen Bestimmungen muten zwar häufig kleinteilig und gelegentlich gar verwaltungsrechtlich an, bereiten indes unter dem Aspekt der Digitalisierung besondere praktische und zum Teil auch rechtliche Schwierigkeiten.[2]

2 Vorvertragliche Informationspflichten

In der Phase der Anbahnung von Verträgen über Finanzprodukte hat der Unternehmer dem Verbraucher zahlreiche vorvertragliche Informationen (VVI) zu geben, deren Erfüllung für den Unternehmer zur Vermeidung nachteiliger Rechtsfolgen unverzichtbar ist.

2.1 Vorvertragliche Informationspflichten im Überblick

Zivilrechtliche Informationspflichten im Vorfeld des Vertragsschlusses knüpfen zum Teil an die Vertriebsform (d. h. an den Fernabsatz) an, zum Teil an das angebotene Produkt (Verbraucherdarlehens- und Zahlungsdiensterahmenverträge).

---

1 Dagegen sind Rechtsfragen der Beratung im Digitalgeschäft schon aus Platzgründen aus der Betrachtung auszuklammern. Dies erscheint auch deswegen verkraftbar, weil die online-Beratung durch selbständige „bots“ oder Künstliche Intelligenzen derzeit noch nicht zur Marktreife geführt worden ist und die Beratung rechtliche Risiken nur begründet, wenn sie auch tatsächlich erfolgt, was derzeit digital noch nicht bzw. nur in geringem Ausmaß der Fall ist.

2 Und zwar auch nicht im Bereich der Kreditgeschäfte, vgl. zur Erläuterungspflicht gem. § 491a BGB unter III.

2.1.1 Vertriebsbezogene VVI im Fernabsatz von Finanzdienstleistungen (Grundlagen)

Die vertriebsbezogenen VVI im Bereich der Finanzdienstleistungen ergeben sich für das deutsche Recht aus § 312d Abs. 2 BGB in Verbindung mit Art. 246b EGBGB,[3] die auf der Richtlinie über den Fernabsatz von Finanzdienstleistungen von 2002[4] (FAFDRiL 2002) beruhen. Diese ist anders als die frühere Fernabsatzrichtlinie aus dem Jahr 1997[5] (FARiL 1997) nicht durch die Verbraucherrechterichtlinie 2011[6] (VRRiL 2011) ersetzt worden, sondern besteht ohne erkennbaren Grund und ohne Not neben der VRRiL 2011 fort.[7] Gem. Art. 246b § 1 Abs. 1 EGBGB hat der Unternehmer den Verbraucher im Fernabsatz rechtzeitig vor Abgabe von dessen Vertragserklärung „in einer dem benutzten Fernkommunikationsmittel angepassten Weise“ – etwa mittels einer Internetseite[8] – klar und verständlich und unter Angabe des geschäftlichen Zwecks über die in der Norm genannten Umstände zu informieren. Dabei ist gem. Art. 246b § 1 Abs. 1 Nr. 12 EGBGB auch und insbesondere über das dem Verbraucher gem. § 312 g Abs. 1 BGB zustehende Widerrufsrecht zu belehren. Zusätzlich muss der Unternehmer dem Kunden – erneut rechtzeitig vor dessen Vertragserklärung – gem. Art. 246b § 2 EGBGB „weitere Informationen“ mitteilen – und zwar „auf einem dauerhaften Datenträger“ im Sinne der Textform gem. § 126b BGB. Dies betrifft gem. Art. 246b § 2 Abs. 1 Nr. 1 EGBGB insbesondere die Vertragsbestimmungen sowie die AGB des Unternehmers, allerdings gem. Art. 246b § 2 Abs. 1 Nr. 2 EGBGB auch die Informationen gem. Art. 246b § 1 Abs. 1 EGBGB, die bereits nach Art. 246b § 1 Abs. 1 EGBGB zu erteilen sind. Nach dem Wortlaut des Gesetzes bedarf es damit der doppelten Erteilung der in Art. 246b § 1 Abs. 1 EGBGB genannten Informationen, wobei indes im Rahmen des Art. 246b § 1 EGBGB andere Formvorgaben bestehen als im Rahmen des Art. 246b § 2 EGBGB.

---

3 Diese treten an die Stelle der allgemeinen vorvertraglichen Informationspflichten aus § 312a Abs. 2 S. 1 BGB in Verbindung mit Art. 246 EGBGB.

4 Richtlinie 2002/65/EG des Europäischen Parlaments und des Rates vom 23. September 2002 über den Fernabsatz von Finanzdienstleistungen an Verbraucher etc., ABl. L 271, S. 16.

5 Richtlinie 97/7/EG des Europäischen Parlaments und des Rates vom 20. Mai 1997 über den Verbraucherschutz bei Vertragsabschlüssen im Fernabsatz, ABl. L 144/19.

6 Richtlinie 2011/83/EU des Europäischen Parlaments und des Rates vom 25. Oktober 2011 über die Rechte der Verbraucher etc., ABl. L 304, S. 64. Zur Aufhebung der FARL vgl. Art. 31 Abs. 1 VerbrRRiL.

7 Art. 3 Abs. 3 lit. d) VerbrRRiL enthält demgemäß eine Bereichsausnahme für Finanzdienstleistungen.

8 Zur Zulässigkeit dieser Form vgl. *Wendehorst*, in: MünchKommBGB, Bd. II, 7. Aufl. 2016, § 312d Anh. I Rn. 63 ff.

Diese wenig verständliche Regelungstechnik wirft unterschiedliche Fragen auf. So ist zunächst das Verhältnis der unterschiedlichen Formanforderungen zueinander zu klären. Insoweit ist ohne weiteres davon auszugehen, dass die (strengere) Textform des Art. 246b § 2 EGBGB auch den (weniger strengen) Anforderungen des Art. 246b § 1 Abs. 1 EGBGB genügt, d. h. dass die Textform stets auch als „eine dem Fernkommunikationsmittel angepasste“ Form anzusehen ist.[9] Damit müssen die VVI nicht etwa in zwei unterschiedlichen Formen vorgehalten und erteilt werden, vielmehr kann der Unternehmer jeweils ein identisches, in Textform gehaltenes elektronisches „Dokument“ verwenden.

Darüber bereitet die Multiplikation der VVI Schwierigkeiten, die auf dem zweistufigen Informationskonzept der FAFDRiL 2002 beruht:[10] Die weitgehend formlosen Vorabinformation gem. Art. 246b § 1 Abs. 1 EGBGB sollen den Kunden dazu in die Lage versetzen, sich über die wesentlichen prospektiven Vertragsbedingungen verschiedener Anbieter zu informieren, um diese besser miteinander vergleichen zu können. Die „weiteren“ Informationspflichten gem. Art. 246b § 2 EGBGB gehen dagegen dem konkreten Vertragsschluss mit dem vom Kunden ausgewählten Anbieter voraus und dienen damit der endgültigen Information über Inhalt und Auswirkungen der konkret intendierten vertraglichen Bindung. Nach ganz herrschender Ansicht[11] genügt es dennoch, wenn die Informationen gem. Art. 246b § 1 Abs. 1 EGBGB nur einmal auf einem dauerhaften Datenträger gegeben werden. Hierfür spricht unter teleologischen Aspekten, dass eine doppelte Erteilung derselben Informationen erkennbar unsinnig ist und den Verbraucher unnötig verwirrte (*information overload*). Auch die nachstehend zu erläuternden Kollisionsregeln in den die produktbezogenen Informationspflichten im Kreditgeschäft normierenden Rechtsakten lassen erkennen, dass nach Ansicht des europäischen und deutschen Gesetzgebers letztlich die einmalige Informationserteilung in Textform genügt.[12]

Die Informationspflichten nach Art. 246b EGBGB sind rechtzeitig *vor* Vertragsschluss durch den Verbraucher zu erfüllen. Umstritten ist, ob aus dieser Formulierung folgt, dass dem Verbraucher eine Mindestüberlegungsfrist einzuräumen ist.[13] Die Antwort kann nur aus dem Zweck der Normen abgeleitet wer-

---

9 Zu letzterer ausf. MünchKommBGB*Wendehorst*, § 312d Anh. I Rn. 63 ff.

10 MünchKommBGB/*Wendehorst*, Art. 246 – 246c EGBGB Rn. 21.

11 Vgl. BeckOGK-BGB/*Busch* (1.7.2018) Art. 246b § 2 EGBGB Rn. 2; MünchKommBGB/*Wendehorst*, Art. 246 – 246c EGBGB Rn. 21.

12 Dazu sogleich unter 2.

13 Vgl. etwa BeckOGK-BGB/*Busch* (Stand 1.7.2018) Art. 246b § 1 EGBGB Rn. 4; *Grüneberg*, in: Palandt, BGB, 77. Aufl. 2018, Art. 246b § 1 EGBGB Rn. 3; MünchKommBGB/*Wendehorst*, § 312d Anh. II Rn. 43, jew. m. w. N.

den. Diese sollen es dem Verbraucher ermöglichen, auf der Grundlage der Informationen ohne Druck eine informierte und wohlüberlegte Entscheidung über den Vertragsschluss frei von Beeinflussung durch die Gegenseite zu treffen.[14] Erfolgt der Vertragsschluss unter Anwesenden, mag die physische Präsenz eines menschlichen Gegenübers, der als Vertreter der Bank am Vertragsschluss interessiert ist, einen gewissen Druck auf den Verbraucher aufbauen, den Vertrag unmittelbar im Anschluss an die Informationserteilung abzuschließen. Dies könnte womöglich die Verpflichtung zur Einräumung einer Mindestfrist für ein „cooling off" des Verbrauchers rechtfertigen. Anders liegt es im Digitalgeschäft. Denn hier kann der Verbraucher gänzlich frei von Einflüssen der Vertragsgegenseite darüber entscheiden, ob er den Bestellprozess nach Informationserteilung fortsetzt, pausiert oder gänzlich beendet. Demzufolge genügt es nach hier vertretener Ansicht, wenn die Informationen an beliebiger Stelle im Zuge der online-Vertragsschlusses gegeben werden, solange dies vor Abgabe der Vertragserklärung des Verbrauchers erfolgt.

2.1.2 Produktbezogene VVI

Im Bereich der Verbraucherdarlehensverträge werden die vertriebsbezogenen Informationspflichten in aller Regel verdrängt durch die produktbezogene Regelung des § 491a Abs. 1 BGB in Verbindung mit Art. 247 EGBGB. Gem. Art. 247 § 1 bzw. § 2 EGBGB sind die Verbraucher vor Abschluss von Immobiliar- bzw. Allgemein-Verbraucherdarlehensverträgen „in Textform" zu unterrichten über die in Art. 247 § 3 bis § 5 EGBGB normierten Umstände. Hierfür muss grundsätzlich das einschlägige Europäische Standard-Informationsblatt (ESIS) verwendet werden, vgl. Art. 247 § 1 Abs. 2 S. 2 bzw. § 2 Abs. 2 EGBGB. Geschieht dies ordnungsgemäß, gelten nach der „Legalitätsvermutung" des Art. 247 § 1 Abs. 2 S. 4 EGBGB jedenfalls für Immobilien-Verbraucherdarlehen zugleich explizit *sämtliche* vertriebsbezogenen Informationspflichten aus § 312d Abs. 2 BGB, d. h. aus Art. 246b § 1 *und* § 2 EGBGB, als erfüllt. Diese Regelung beruht auf Art. 14 Abs. 7 der Immobiliar-Kreditrichtlinie von 2014[15] (ImmoKrRiL 2014), der seinerseits von der Einhaltung der Art. 3 *und* Art. 5 FAFDRiL 2002 dispensiert. Für Allgemein-Verbraucherdarlehen ordnet Art. 246b § 2 Abs. 4 S. 2 EGBGB ebenfalls an, dass bei korrekter Verwendung des ESI die VVI nach Fernabsatzrecht nicht erteilt werden müssen.

14 Vgl. die Begründung des RegE für ein Fernabsatzgesetz, BT-Drucks. 14/2658, S. 38.

15 Richtlinie 2014/17/EU des Europäischen Parlaments und des Rates vom 4. Februar 2014 über Wohnimmobilienkreditverträge für Verbraucher etc., ABl. L 60, S. 34.

Dies ist insoweit erstaunlich, als Art. 5 Abs. 1 S. 3 der Verbraucherkreditrichtlinie von 2008 (VerbrKrRiL 2008)[16] explizit nur von der Erteilung der VVI nach Art. 3 FAFDRiL (Art. 246b § 1 EGBGB) dispensiert, nicht aber von derjenigen nach Art. 5 FAFDRiL 2002 (Art. 246b § 2 EGBGB). Insoweit handelt es sich indes offenkundig um ein Redaktionsversehen auf der Ebene der VerbrKrRiL 2008. Denn die Anforderungen an das ESI und an seine Erteilung stehen den konkret vorvertraglichen VVI gem. Art. 246b § 2 EGBGB (Art. 5 FAFDRiL 2002) deutlich näherstehen als den bloß Vorabinformationen gem. Art. 246b § 1 Abs. 1 EGBGB (Art. 3 FAFDRiL 2002). Wird das ESIS dagegen nicht korrekt ausgefüllt oder ist es nicht korrekt gestaltet, liegt ein Verstoß gegen die Art. 246b § 1 bzw. § 2 EGBGB vor, der die sogleich unter c) darzustellenden Folgen auslöst.

In Bezug auf Zahlungsdiensterahmenverträge bestehen vorrangige Produktregeln: So hat der Zahlungsdienstleister dem Verbraucher gem. § 675d BGB in Verbindung mit Art. 248 § 3 und § 4 EGBGB (die auf Art. 51ff. der Zweiten Zahlungsdiensterichtlinie (PSD2)[17] beruhen) bestimmte Informationen auf einem *dauerhaften Datenträger* zur Verfügung zu stellen. Diese Informationspflicht tritt nach der Kollisionsnorm des Art. 248 § 1 EGBGB[18] an die Stelle der meisten der oben unter a) geschilderten fernabsatzfinanzdienstleistungsrechtlichen Verpflichtungen.[19] Auch im Zahlungsdiensterecht muss im Übrigen im Sinne der Praktikabilität angenommen werden, dass die formgerechte Information auf der zweiten, dem Vertragsschluss unmittelbar vorausgehenden Stufe die formlose vorbereitende Information auf der ersten, rein informatorischen Ebene beinhaltet.[20]

2.1.3 Folgen von Verstößen gegen die Verpflichtung zur Erteilung von VVI

Verstöße gegen die vorvertraglichen Informationspflichten sind zwar vermeidbar, aber nicht ausgeschlossen. Fernabsatzrechtlich haben Belehrungsverstöße gem.

16 Richtlinie 2008/48/EG des Europäischen Parlaments und des Rates vom 23. April 2008 über Verbraucherkreditverträge und zur Aufhebung der Richtlinie 87/102/EWG des Rates, ABl. L 133, S. 66.

17 Richtlinie (EU) 2015/2366 des Europäischen Parlaments und des Rates vom 25. November 2015 über Zahlungsdienste im Binnenmarkt etc., ABl. L 337, S. 35.

18 Dieser beruht auf Art. 39 S. 2 PSD2.

19 Näher Staudinger/*Omlor* (2016), Art. 248 EGBGB Rn. 1–3.

20 Und zwar trotz des Umstands, dass Art. 248 § 1 EGBGB (ebenso Art. 39 S. 1 PSD2) lediglich bestimmte Informationspflichten aus Art. 246b § 1 EGBGB (Art. 3 FAFDRiL) ersetzt, nicht aber die „weiteren“ Informationspflichten aus Art. 246b § 2 EGBGB (Art. 5 FAFDRiL).

§ 356 Abs. 3 S. 1 BGB grundsätzlich zur Folge, dass die Widerrufsfrist nicht zu laufen beginnt – und bei einem Zahlungsdiensterahmenvertrag gem. § 356 Abs. 3 S. 3 BGB auch nicht abläuft, da dieser eine Finanzdienstleistung zum Gegenstand hat.

Anders liegt es im Verbraucherdarlehensvertragsrecht. Denn nach § 312 g Abs. 3 BGB[21] verdrängt das produktspezifische Widerrufsrecht gem. § 495 BGB das vertriebsbezogene Widerrufsrecht aus § 312 g Abs. 1 BGB vollständig. Dies hat auch zur Folge, dass sich der Lauf der Widerrufsfrist ausschließlich nach § 356b BGB bemisst, der für Verstöße gegen die vorvertraglichen Informationspflichten erstaunlicher Weise überhaupt keine Sanktion vorsieht. Vielmehr enthält die Norm eine in sich geschlossene Regelung, nach der der Lauf der Widerrufsfrist allein von den Voraussetzungen der § 356b Abs. 1 – Abs. 3 BGB abhängt. Dem nicht ordnungsgemäß vorvertraglich informierten Verbraucher kann daher allenfalls ein Anspruch auf Schadensersatz aus *culpa in contrahendo* gem. § 280 Abs. 1, § 311 Abs. 2, § 241 Abs. 2 in Verbindung mit § 249 Abs. 1 BGB zustehen, falls er gerade wegen unzutreffender oder fehlender vorvertraglicher Belehrung einen Vertrag geschlossen oder hiervon abgesehen hat.[22] Dies wird nur selten der Fall sein. Darüber hinaus ist zu beachten, dass die besonders relevante Belehrung über das Widerrufsrecht zwingend auch in den dem Verbraucher auszuhändigenden, schriftlichen Darlehensvertrag aufzunehmen ist, vgl.§ 492 Abs. 2 BGB. Ein Verstoß gegen diese Vertragspflicht hat zur Folge, dass gem. § 356b Abs. 2 S. 1 BGB die verbraucherdarlehensrechtliche Widerrufsfrist nicht zu laufen beginnt.[23]

2.2 Erfüllung der vorvertraglichen Informationspflichten im Digitalgeschäft

Die Erfüllung der genannten vorvertraglichen Informationspflichten bereitet im online-banking keine größeren Schwierigkeiten. Für die fernabsatzrechtliche Zur-Verfügung-Stellung von Informationen in einer dem Vertriebsmedium angepassten Weise gem. Art. 246b § 1 Abs. 1 EGBGB genügt nach dem Gesagten die einer Internetseite.[24] Allerdings ist den Verbrauchern das ESIS-Formblatt zwingend mittels eines „dauerhaften Datenträgers" zu übermitteln. Zur Erfüllung

21 Der auf Art. 14 Abs. 5 VerbrKrRiL, Art. 14 Abs. 6 UA 6 ImmoKrRiL beruht.

22 So auch Begründung des RegE für ein Gesetz zur Umsetzung der Wohnimmobilienkreditrichtlinie, BT-Drucks. 18/5922, S. 74.

23 Die dann nur im Fall des Immobilien-Verbraucherdarlehens spätestens 12 Monate und 14 Tage nach Vertragsschluss erlischt, vgl. § 356b

24 Vgl. oben Fn. 8.

dieser Anforderung im online-Geschäft mit Waren und „normalen Dienstleistungen“ (d.h. zu Art. 5 FARiL 1997) hat sich der EuGH erstmals in der Entscheidung „Content Services“ aus dem Jahr 2013[25] geäußert. Nach Ansicht des EuGH werden dem Verbraucher vorvertragliche Informationen nicht wirksam auf einem dauerhaften Datenträger übermittelt, wenn der Unternehmer dem Verbraucher lediglich einen link zu einer website zusendet, die die erforderlichen Informationen enthält. Erstens fehle es bei einem solchen Vorgehen an einer Übermittlung der Informationen an den Verbraucher, da dieser selbst aktiv werden müsse, um die Informationen zu erlangen.[26] Zweitens seien die Informationen auch nicht auf einem *dauerhaften* Datenträger enthalten, weil jedenfalls eine normale website[27] jederzeit von ihrem Betreiber geändert werden könne.[28] In seinem zu einer international-zivilprozessualen Regelung ergangenen Entscheidung „CarsOnTheWeb“ hat der EuGH im Jahr 2015 dagegen nur scheinbar geringe Anforderungen gestellt.[29] Zu entscheiden war über die Zulässigkeit der Informationserteilung im Wege der Verwendung eines pop up-Fensters in Verbindung mit einem „click wrapping“. Konkret waren dem Kunden die relevanten Informationen auf der Internetseite in einem download- bzw. ausdruckbaren Dateiformat zur Verfügung gestellt worden. Allerdings konnte der Kunde den Bestellvorgang hier auch fortsetzen, ohne die Informationen tatsächlich zur Kenntnis genommen oder lokal gespeichert zu haben. Für den Fortgang des Prozesses genügte es, dass er sein Einverständnis mit den angezeigten Vertragsbedingungen und deren Inhalt durch das Setzen eines Hakens erklärte. Der EuGH billigte diese Vorgehensweise, hat indes in der Entscheidung explizit darauf hingewiesen, dass er eine solche Vorgehensweise nur wegen der Besonderheiten des einschlägigen Art. 23 Abs. 2 Brüssel I – VO[30] für zulässig erachtete, der eine andere Formulierung verwendet als das materielle Verbraucherschutzrecht.[31]

Damit scheint es im online-Geschäft erforderlich zu sein, dass die Bank dem Kunden die vorvertraglichen Informationen anderweitig „auf einem dauerhaften Datenträger“ im Sinne des § 126b BGB zukommen lässt, d. h. auf Papier, auf einem USB-stick, auf einer CR-ROM oder auch nur als E-Mail-Attachment im PDF-Format.

---

25 EuGH 5.7.2012 – Rs. C-49/11 „Content Services Ltd.“, NJW 2012, 2637.

26 EuGH 5.7.2012 – Rs. C-49/11 „Content Services Ltd.“, NJW 2012, 2637, Rn. 31 – 37.

27 Zur Abgrenzung zwischen „einfachen“ und „fortgeschrittenen“ websites näher unter 6.2.

28 EuGH 5.7.2012 – Rs. C-49/11 „Content Services Ltd.“, NJW 2012, 2637, Rn. 38 – 50.

29 EuGH 21.5.2015 – Rs. C-322/14 „El Majdoub ./. CarsOnTheWeb“, NJW 2015, 2171.

30 Verordnung (EG) Nr. 44/2001 des Rates vom 22.12.2000 über die gerichtliche Zuständigkeit und die Anerkennung und Vollstreckung von Entscheidungen in Zivil- und Handelssachen, ABl. L 12, S. 1.

31 EuGH 21.5.2015 – Rs. C-322/14 „El Majdoub ./. CarsOnTheWeb“, NJW 2015, 2171 Rn. 37 f.

Letzteres ist ohne weiteres möglich, zwingt allerdings erstens zur Erhebung der E-Mail-Daten des Kunden und zweitens zum Verlassen des unmittelbaren online-Kanals. Will die Bank auf den E-Mail-Versand daher verzichten, muss sie technisch sicherstellen, dass dem Kunde im Zuge des online-Vertragsschlusses die relevanten Informationen in einer download- oder ausdruckbaren Form zur Verfügung gestellt werden und dass der Kunde – anders als beim bloßen „click wrapping" – den Vertragsschlussvorgang erst fortsetzen kann, wenn er die Informationen tatsächlich ausgedruckt oder lokal gespeichert hat. Gegen einen derartigen technischen Download- oder Ausdruck-Zwang spricht nicht, dass er mit der Aussage aus dem EuGH-Urteil in Sachen „Content Services" zu konfligieren scheint, wonach dem Kunden eine aktive Beschaffung der Informationen nicht zuzumuten sei. Denn es ging EuGH in „Content Services" lediglich darum sicherzustellen, dass der Kunde überhaupt in den Besitz der relevanten Informationen gelangt. Diesem Erfordernis aber ist bei einem Zwangs-Download Genüge getan, ohne dass dem Kunden eine übermäßige Informationsbeschaffungslast träfe. Fehler beim Druck oder download, die aus der Sphäre des Kunden stammen, sind im Übrigen letzteren zuzurechnen, ist die Bank im Präsenzgeschäft bei Aushändigung papierhafter Informationen doch auch nicht dagegen gewappnet, dass der Kunde die Informationen nicht liest, sie nicht versteht oder ungelesen verliert oder wegwirft.

3 Vorvertragliche Erläuterungspflichten im Verbraucherkreditgeschäft

Gem. § 491a Abs. 3 BGB, die auf Art. 5 Abs. 6 S. 1 VerbrKrRiL 2008, Art. 16 ImmoKrRiL 2014 beruhen, muss der Darlehensgeber dem Verbraucher vor Abschluss eines Verbraucherdarlehensvertrages „angemessene Erläuterungen" geben, um den Kunden in die Lage zu versetzen, beurteilen zu können, ob der Vertrag dem von ihm verfolgten Zweck und seinen Vermögensverhältnissen gerecht wird. Zum Teil[32] wird diese Verpflichtung als *individuelle* Aufklärungspflicht verstanden: Der Darlehensgeber habe den Darlehensnehmer personalisiert aufzuklären über dessen Fähigkeit, das Darlehen auf der Grundlage seiner Vermögensverhältnisse zurückzuzahlen. Ferner sei zu erläutern, ob die intendierte Vertragsgestaltung für den vom Darlehensnehmer intendierten Zweck geeignet sei. Die Gegenansicht verlangt dagegen lediglich, dass der Darlehensgeber den Darlehensnehmer in

---

32 Etwa BeckOGK-BGB/*Knops* (Stand 1.6.2018), § 491a Rn. 75 ff.; *Münscher*, in: Schimansky/Bunte/Lwowski (Hrsg.), Bankrechts-Handbuch, 5. Aufl. 2017, § 81 Rn. 129, jew. m.w.N.

genereller produktbezogener Weise, etwa in Form einer Broschüre, über die besonderen Spezifika des aufgenommenen Kredites informiert.[33] Die grundsätzliche Richtigkeit der letztgenannten Sichtweise folgt bereits aus dem Wortlaut des § 491a Abs. 3 BGB, der allein verlangt, dass der Verbraucher durch eine „Erläuterung" in die Lage versetzt wird, eigenverantwortlich den Vertrag zu verstehen. Zudem bezwecken die VerbrKrRiL 2008 wie auch die ImmoKrRiL 2014 die Erleichterung gerade auch der grenzüberschreitenden Kreditvergabe im Binnenmarkt.[34] Dieses Ziel aber wird besonders durch den Vertragsschluss im Fernabsatz erreicht, der bei einer individuell-persönlichen Beratung des Verbrauchers substanziell erschwert würde.[35]

Andererseits verweist Erwägungsgrund (48) ImmoKrRiL 2014 explizit auf einen über pauschale und formale Erläuterungen hinaus bestehenden „Unterstützungsbedarf", auf den der Kreditgeber einzugehen habe. Kreditgeber und gegebenenfalls Kreditvermittler sollten „diese Unterstützung in Bezug auf die Kreditprodukte, die sie dem Verbraucher anbieten, leisten, indem die entsprechenden Informationen, darunter insbesondere die Hauptmerkmale der angebotenen Produkte, dem Verbraucher persönlich erläutert werden, so dass er ihre möglichen Auswirkungen auf seine wirtschaftliche Situation einschätzen kann." Darüber hinaus präzisiert § 491a Abs. 3 S. 2 BGB die Erläuterungspflicht dahingehend, dass gerade die Standardinformationen gegebenenfalls verständlich zu machen sind, was auch im Digitalgeschäft eine Interaktion zwischen dem Kunden und dem Kreditgeber erfordert. Zudem hat auch die Bundesregierung in ihrem Gesetzesentwurf für das Gesetz zur Umsetzung der VerbrKrRiL 2008 darauf hingewiesen, dass der Umfang der Erläuterungspflicht personenabhängig sei und es lediglich nicht zwingend eines unmittelbaren persönlichen Kontaktes bedürfe und gegebenenfalls schriftlich oder telefonisch erläutert werden könne, wobei der Umfang der Erläuterungspflicht allerdings davon abhängen soll, ob die Bank den Erläuterungsbedarf überhaupt erkennen könne, woran es im Fernabsatz gegebenenfalls fehle.[36]

Aus alledem ergeben sich für das Digitalgeschäft folgende Konsequenzen: Jedenfalls muss die online-Plattform der Bank dem Kunden Gelegenheit geben, entsprechende Erläuterungen einzuholen. Insoweit sind verständliche Erläuterungen zu Standard-Vertragsklauseln vorzuhalten, die der Kunde über eine Hilfe-

---

33 Etwa *Herresthal*, WM 2009, 1174, 1178; *Nietsch*, in: Erman, BGB, 15. Aufl. 2017, § 491a Rn. 45 ff.; *Schürnbrand*, in: MünchKommBGB, Bd. III, 7. Aufl. 2017, § 491a Rn. 61.

34 Vgl. insbes. Erwägungsgründe (4) ff. VerbrKrRiL 2008, Erwägungsgrund (2) ImmoKrRiL 2014.

35 So auch Begründung des Entwurfs der Bundesregierung für ein Gesetz zur Umsetzung der Verbraucherkreditrichtlinie etc., BT-Drucks. 16/11643, S. 78.

36 BT-Drucks. 16/11643, S. 78 f.

Funktion abrufen kann. Für den Fall des darüber hinausgehenden Erläuterungsbedarfs ist dem Kunden zusätzlich ein persönlicher Kontakt am Telefon oder in der Filiale anzubieten. Sollte der Kunde hiervon Gebrauch machen, sind die Vorteile des Digitalgeschäfts allerdings hinfällig.

Verstößt die Bank gegen ihre Erläuterungspflicht, macht sie sich gegebenenfalls schadensersatzpflichtig gem. § 280 Abs. 1, § 311 Abs. 2 BGB.[37] Der Schadensersatzanspruch ist gem. § 249 Abs. 1 BGB grundsätzlich auf Naturalrestitution gerichtet, was gegebenenfalls auf die Befreiung von der nicht gewollten vertraglichen Bindung einschließt.[38]

4 Verpflichtung zur Aushändigung eines Vertragsentwurfs

Im Verbraucherdarlehensgeschäft hat der Darlehensgeber dem Darlehensnehmer auf dessen Verlangen gem. § 491a Abs. 2 BGB (Art. 5 Abs. 4 VerbrKrRiL 2008, Art. 14 Abs. 11 S. 2 ImmoKrRiL 2014) bereits vor Vertragsschluss einen Entwurf des Vertrages zu übermitteln. Da das Gesetz an die Erfüllung dieser Pflicht keine speziellen Formanforderungen stellt, genügt die Textform.[39] Im Digitalgeschäft muss die eingesetzte Software dem Verbraucher daher die Anforderung eines Vertragsentwurfs ermöglichen. Erneut knüpft das Gesetz an etwaige Verstöße keine speziellen Folgen, so dass allenfalls Schadensersatzansprüche aus *culpa in contrahendo* gem. § 280 Abs. 1, § 311 Abs. 2 BGB in Betracht kommen.

Eine entsprechende Verpflichtung ist in den §§ 675 ff. BGB, Art. 248 EGBGB ebenso wenig wie in der PSD2 normiert. Allerdings kann der Zahlungsdienstleister seine vorvertraglichen Informationspflichten gem. Art. 248 § 4 Abs. 3 EGBGB durch Übermittlung einer Abschrift eines Vertragsentwurfs erfüllen, der sämtliche der erforderlichen Informationen enthält.

---

37 BeckOGK-BGB/*Knops* (Stand 1.6.2018), § 491a Rn. 99 ff.; Erman/*Nietsch* § 491 Rn. 54; *Nobbe*, in: Prütting/Wegen/Weinreich, BGB, 13. Aufl. 2018, § 491a Rn. 22; MünchKommBGB/*Schürnbrand*, § 491a Rn. 63.

38 Nachw. vorstehende Fn.

39 Vgl. BeckOGK-BGB/*Knops* (Stand 1.6.2018), § 491a Rn. 65; Palandt/*Weidenkaff* § 491a Rn. 3 aE.

5 Der digitale Abschluss von Verträgen über Finanzdienstleistungen

Erhebliche rechtstechnische Schwierigkeiten bereitet der digitale Abschluss von Verbraucherdarlehensverträgen aufgrund des in § 492 Abs. 1 BGB enthaltenen Schriftformgebots. Gem. § 492 Abs. 1 S. 2 BGB bedarf jedenfalls die Vertragserklärung des Darlehensnehmers stets der Schriftform, während der Darlehensgeber gem. § 492 Abs. 1 S. 3 BGB immerhin eine automatisch erstellte Unterschrift verwenden kann. Ein diesen Anforderungen nicht genügender Vertrag ist gem. § 494 Abs. 1 BGB zunächst nichtig. Der Formmangel wird zwar gem. § 494 Abs. 2 BGB mit Valutierung des Darlehens geheilt, doch kann der Darlehensgeber in diesem Fall nicht den Vertragszins, sondern nur den gesetzlichen Zins verlangen und verliert damit seine Marge. Bei Allgemein-Verbraucherdarlehensverträge wirkt sich der Formverstoß zudem auf das Widerrufsrecht des Verbrauchers aus: Denn gem. § 356b Abs. 3 BGB in Verbindung mit § 494 Abs. 7 BGB beginnt die 14-tägige Frist für die Ausübung des produktspezifischen Widerrufsrechts überhaupt erst zu laufen, wenn der Darlehensgeber dem Darlehensnehmer eine Abschrift des Vertrages ausgehändigt hat, die die kraft Gesetzes geltenden Zinskonditionen ausweist. Nur ergänzend sei darauf verwiesen, dass gem. § 494 Abs. 1 BGB Formnichtigkeit auch eintritt, falls der Darlehensvertrag nicht die in Art. 247 § 6 und § 10 bis § 13 EGBGB genannten Informationen enthält.[40]

Im Digitalgeschäft kann gem. § 126 Abs. 3, § 126a BGB die schriftliche durch die elektronische Form ersetzt werden. Das früher in § 492 Abs. 1 S. 2 BGB verankerte Verbot des elektronischen Abschlusses von Verbraucherkreditverträgen wurde anlässlich der Umsetzung der VerbrKrRiL 2008 aufgehoben,[41] weil es mit der aus Art. 9 Abs. 1 der E-Commerce-Richtlinie folgenden Verpflichtung unvereinbar war, den Vertragsschluss auf elektronischem Weg zuzulassen.[42] Auch diese seit dem 20. Oktober 2010 geltende Regelung[43] ist allerdings heutzutage nur noch

---

40 Unverständlicher Weise ist somit der Verstoß gegen die aus § 492 Abs. 2 BGB folgende Verpflichtung, bestimmte Angaben in den Vertrag aufzunehmen, in Bezug auf die Informationen nach Art. 246 § 7 und 8 EGBGB widerrufsrechtlich unbeachtlich.

41 Vgl. Art. 1 Nr. 22 des Gesetzes zur Umsetzung der Verbraucherkreditrichtlinie, des zivilrechtlichen Teils der Zahlungsdiensterichtlinie sowie zur Neuordnung der Vorschriften über das Widerrufs- und Rückgaberecht, BGB. 2009 I, S. 2355.

42 Vgl. Begründung des RegE für das o.g. Gesetz, BT-Drucks. 16/11643, S. 79.

43 Zum Inkrafttreten der Neufassung des § 492 BGB vgl. Art. 11 Abs. 1 des Gesetzes a. a. O. (oben Fn. 39).

von deklaratorischer Bedeutung. Denn Art. 25 Abs. 2 eIDAS-VO[44] ordnet vorragig gegenüber der E-Commerce-Richtlinie an, dass eine qualifizierte elektronische Signatur nach dieser Verordnung die gleiche Rechtswirkung hat wie eine handschriftliche Unterschrift. Freilich ist die Anzahl der Anbieter qualifizierter elektronischer Signaturen, die bei der zuständige Bundesnetzagentur registriert sind, äußerst gering, es gibt derer überhaupt nur zehn.[45] Und noch viel geringer dürfte die Zahl der Verbraucher sein, die sich zur Erstellung einer qualifizierten elektronischen Signatur bei einem der wenigen Anbieter registriert haben, zumal einiger registrierten Anbieter kein Verbrauchergeschäft betreiben. Darüber hinaus stehen für die Erstellung qualifiziert elektronischer Signaturen derzeit nur hardware-basierte Lösungen zur Verfügung, für die die Kunden sich ein spezielles Kartenlesegerät anschaffen müssen. Diese Lösung ist zwar die einzig sichere, allerdings bei Verbrauchern äußerst unbeliebt und entsprechend wenig verbreitet. Damit können Verbraucherkreditverträge in Deutschland derzeit praktisch kaum je formwirksam im Digitalkanal geschlossen werden. In diesem lässt im Regelfall vielmehr häufig nur die Vertragserklärung des Verbrauchers vorbereiten, die dieser anschließend ausdrucken, unterschreiben und an die Bank senden kann. Damit erfordert der Vertragsschluss seitens des Kreditgebers eine händische Bearbeitung.

Diese anachronistische Situation ist ausschließlich auf das nationale Recht zurückzuführen. Denn Art. 10 Abs. 1 S. 1 VerbrKrRiL 2008 schreibt für den Abschluss von Allgemein-Verbraucherdarlehensverträgen lediglich die Einhaltung der Textform vor. § 492 BGB ist denn auch überhaupt nur deswegen unionsrechtskonform, weil Art. 10 Abs. 1 S. 3 VerbrKrRiL 2008 insoweit eine Öffnungsklausel zu Gunsten des nationalen Rechts enthält. Die ImmoKrRiL 2014 ihrerseits schreibt für Immobiliar-Verbraucherdarlehensverträge überhaupt keine spezielle Form vor, bezweckt jedoch ausweislich jedoch ihres Art. 2 Abs. 1 lediglich eine Mindestharmonisierung.[46] Der deutsche Gesetzgeber hat anlässlich der Umsetzung der VerbrKrRiL 2008 sehr deutlich, wenn auch implizit zu verstehen gegeben, dass er gegenüber elektronischen Vertragsschlüssen Bedenken hegt und

---

44 Verordnung (EU) Nr. 910/2014 des Europäischen Parlaments und des Rates vom 23. Juli 2014 über elektronische Identifizierung und Vertrauensdienste für elektronische Transaktionen im Binnenmarkt etc., ABl. L 257, S. 73.

45 https://www.bundesnetzagentur.de/DE/Service-Funktionen/ElektronischeVertrauensdienste/QualifizierteVD/QualifizierteSignatur/Anbieterliste/Anbieterlise%20QeSignatur_node.html (abgerufen am 31. Mai 2018).

46 Vgl. BeckOGK-BGB/*Knops* (1.6.2018), § 492 Rn. 3; MünchKommBGB/*Schürnbrand*, § 492 Rn. 6.

ihm selbst die elektronische Form suspekt ist.[47] Das ist in Anbetracht der traditionellen Formzwecke kaum begründbar: Ein hinreichender Schutz der Verbraucher vor übereilten Vertragsschlüssen ist bereits durch die umfassenden vorvertraglichen Informationspflichten sowie das unbedingte und unbefristete Widerrufsrecht sichergestellt. Für eine ausreichende Dokumentation des Vertrags und seines Inhalts ist ebenfalls gesorgt (dazu ausführlich unter VI.). Auch die eindeutige Identifikation des Kunden kann anderweitig sicher gestellt werden, seit die BaFin das Video-Ident-Verfahren zur Identitätsfeststellung nach AO und GWG zugelassen hat.[48] § 492 Abs. 2 S. 2 BGB sollte daher korrigiert und die Schrift- durch die Textform ersetzt werden.

6 Vertragsaushändigungs- und sonstige Mitteilungspflichten nach Vertragsschluss

Namentlich im Bereich des Verbraucherrechts sehen deutsches und europäisches Recht zahlreiche weitere nachvertragliche Informations-, Dokumentenaushändigungs- und Erklärungspflichten vor. Im Kontext der Digitalisierung sind zwei Fragestellungen relevant: Erstens geht es um die Frage, ob die genannten Informationen überhaupt in elektronischer Form mitgeteilt werden können. Sollte dies der Fall sein, muss zweitens geklärt werden, wie die Übermittlung erfolgen kann.

6.1 Vertragliche Mitteilungspflichten und die Möglichkeit ihrer elektronischen Erfüllung

Vertragliche Mitteilungspflichten kommen in den drei unterschiedlichen Ausprägungen der Verpflichtung zur Zur-Verfügung-Stellung von Abschriften von Vertragsurkunden und sonstigen Informationen, bestimmten Formvorgaben für die Abgabe von Willenserklärungen und sonstigen Mitteilungspflichten vor.

47 Vgl. Begründung RegE eines Gesetzes zur Umsetzung der Verbraucherkreditrichtlinie etc., BT-Drucks. 16/11643, S. 79.

48 Vgl. dazu Rundschreiben das Rundschreiben der BaFin 3/2017 (GW) – Videoidentifizierungsverfahren, abrufbar unter https://www.bafin.de/SharedDocs/Veroeffentlichungen/DE/Rundschreiben/2017/rs_1703_gw_videoident.html.

6.1.1 Vertragsaushändigungspflichten

Im Verbraucherdarlehensrecht verpflichtet § 492 Abs. 3 BGB (Art. 10 Abs. 1 VerbrKrRiL 2008, Art. 14 Abs. 11 S. 2 ImmoKrRiL 2014) den Kreditgeber dazu, dem Verbraucher nach Vertragsschluss unaufgefordert eine „Abschrift" des Vertrages zur Verfügung zu stellen. In Bezug auf die Form der „Abschrift" macht das Gesetz keine Formvorgaben. Nach praktisch einhelliger Ansicht, die sich auf die Regierungsbegründung zum Gesetz zur Umsetzung der VerbrKrRiL 2008 stützen kann,[49] genügt die Übermittlung einer elektronischen „Abschrift" des Vertrages auf einem dauerhaften Datenträger, d.h. insbesondere eine scan-Datei in einem üblichen Dateiformat wie PDF oder JPG.[50] Für dieses Verständnis spricht, dass dann, wenn ein Vertrag die gem. § 492 Abs. 2 BGB erforderlichen inhaltlichen Angaben nicht enthält, diese Angaben gem. § 492 Abs. 6 S. 1 BGB nachträglich auch auf einem dauerhaften Datenträger übermittelt werden dürfen. Verstöße gegen die Aushändigungspflicht werden mittelbar durch § 356b Abs. 1 BGB sanktioniert. Danach beginnt die Frist zur Ausübung des Widerrufsrechts aus § 495 BGB nicht zu laufen, bevor der Darlehensgeber dem Darlehensnehmer nicht eine für diesen bestimmte Vertragsurkunde oder den schriftlichen Antrag des Darlehensnehmers oder eine Abschrift der Vertragsurkunde oder eine Abschrift des Antrags des Verbrauchers zur Verfügung gestellt hat. Warum der Fristlauf nicht ausschließlich an die Erfüllung bzw. Nichterfüllung der Vertragsaushändigungspflicht aus § 492 Abs. 3 BGB anknüpft, erschließt sich übrigens nicht. § 356b Abs. 1 BGB definiert die Form der Abschrift bzw. der sonstigen Dokumente ebenso wenig wie § 493 BGB. Dennoch wird, wenn auch ohne nähere Begründung, zum Teil vertreten, dass im Rahmen des § 356b Abs. 1 BGB zwingend eine papierhafte Kopie auszuhändigen sei.[51] Dem ist entschieden zu widersprechen.[52] Erstens wäre es schon aus systematischen Gründen widersinnig, den Begriff der „Abschrift" im Sinne des § 356b Abs. 1 BGB anders zu verstehen als im Kontext der § 492 Abs. 3, Abs. 6 BGB. Darüber hinaus steht jedenfalls die VerbrKrRiL 2008 einem Schriftformerfordernis für Allgemein-Verbraucherdarlehensverträge entgegen. Denn Art. 10 Abs. 1 S. 3 VerbrKrRiL 2008 erlaubt dem nationalen Recht, eine strengere

---

49 Vgl. Begründung RegE eines Gesetzes zur Umsetzung der Verbraucherkreditrichtlinie, des zivilrechtlichen Teils der Zahlungsdiensterichtlinie sowie zur Neuordnung der Vorschriften über das Widerrufs- und Rückgaberecht, BT-Drucks. 16/11643, S. 80.

50 Etwa BeckOGK-BGB/*Knops* (1.6.2018), § 492 Rn. 36; MünchKommBGB/*Schürnbrand* § 492 Rn. 41; Palandt/*Weidenkaff* § 492 Rn. 4.

51 Palandt/*Grüneberg* § 356b Rn. 2.

52 Wie hier etwa BeckOGK-BGB/*Mörsdorf* (15.7.2018), § 356b Rn. 5.1; gleichsinning Staudinger/*Kaiser* (2012), § 355 a.F. Rn. 67.

als die elektronische Form vorzuschreiben, lediglich in Bezug auf die Formwirksamkeit des Vertrag selbst, nicht hingegen in Bezug auf die Erteilung von Abschriften.[53] Schließlich ist selbstverständlich, dass ein Vertrag, der zulässig in elektronischer Form, d. h. mittels qualifizierter elektronischer Signatur geschlossen wurde, auch nur elektronisch mitgeteilt werden kann und daher muss.

Eine Pflicht zur Übermittlung einer Abschrift des abgeschlossenen Vertrages besteht auch im Bereich der Kontoeröffnung. Art. 248 § 5 EGBGB (Art. 53 PSD2) verpflichtet den Zahlungsdienstleister, dem Zahlungsdienstnutzer „jederzeit" – gegebenenfalls auch wiederholt – den Vertrag wie auch die VVI zu übermitteln. Unverständlicher Weise hat der Kunde insoweit explizit ein Wahlrecht zwischen der Übermittlung in elektronischer Form oder in Papierform[54] – eine Digitalisierung ist insoweit unionsrechtlich untersagt. Da spezifische Sanktionen etwaiger Verstöße gesetzlich nicht speziell geregelt sind und insbesondere kein allgemeines produktspezifisches Widerrufsrecht besteht, kommen allenfalls Ansprüche des Kunden auf Schadensersatz gem. § 280 Abs. 1 BGB (gegebenenfalls in Verbindung mit § 280 Abs. 2, § 286 BGB) in Betracht, falls ihm aus einer fehlenden bzw. verspäteten Aushändigung der Abschrift ein Schaden entstanden sein sollte.

6.1.2 Form rechtsgeschäftlicher Erklärungen im Rahmen der laufenden Geschäftsbeziehung

Rechtsgeschäftliche Erklärungen des Darlehensgebers im Rahmen eines bestehenden Verbraucherdarlehensvertrages bedürfen gem. § 492 Abs. 5 BGB (der auf zahlreichen punktuellen Vorgaben der VerbrKrRiL 2008 und der ImmoKrRiL 2014 beruht) der Textform. Ebenso müssen jedenfalls ein Antrag des Zahlungsdienstleister auf Änderung des Zahlungsdiensterahmenvertrages (vgl. § 675 g Abs. 1 BGB, Art. 54 Abs. 1 UA 1 PSD2) sowie dessen Kündigung (vgl. § 675 h Abs. 2 S. 3 BGB, Art. 55 Abs. 3 PSD2) mittels eines dauerhaften Datenträgers erfolgen.

Wird die Textform nicht eingehalten, sollen die Erklärungen nach praktisch einhelliger Ansicht gem. § 125 S. 1 BGB formnichtig sein.[55] Dem ist in dieser Pauschalität nicht zu folgen. Das Textformerfordernis dient primär dazu, dem Kunden die relevanten Erklärungen auf einem Medium zukommen zu lassen, das

53 Wie hier BeckOGK-BGB/*Mörsdorf* (15. 7. 2018), § 356b Rn. 5.1.

54 Vgl. Begründung des RegE für das Gesetz zur Umsetzung der PSD2, BT-Drs. 16/11643, 135.

55 Vgl. *Casper*, in: MünchKommBGB, Bd. V – 2, 7. Aufl. 2017, § 675 g Rn. 7; PWW/*Fehrenbacher* § 675 g Rn. 3; Palandt/*Sprau* § 675 g Rn. 3.

ihre Aufbewahrung und spätere Konsultation bzw. Reproduktion gewährleistet.[56] Dieser Formzweck ist sicherlich dem klassischen Formzweck der Dokumentation eng verwandt, mit diesem allerdings nicht deckungsgleich. Denn dort, wo das Gesetz die Form anordnet, um relevante Erklärungen zu dokumentieren, richtet es sich typischer Weise an beide Vertragsparteien, während die genannten finanzdienstleistungsrechtlichen Vorgaben einseitig an den Anbieter adressiert sind und den Kundenschutz bezwecken. Die Nichtigkeitsfolge wäre daher widersinnig, wenn die betreffende Erklärung – ihre Wirksamkeit unterstellt – für den Kunden ausschließlich vorteilhaft sein sollte. In derartigen Fällen ist § 125 S. 1 BGB teleologisch einzuschränken und demzufolge nicht anzuwenden.

6.1.3 Form sonstiger Mitteilungen im Rahmen der laufenden Geschäftsbeziehung

Finanzdienstleistungsunternehmen haben ihren Kunden häufig vertragliche Mitteilungen nicht-rechtsgeschäftlicher Natur zu machen, sondern bei denen es sich um bloße Wissensmitteilungen handelt. Auch insoweit bestehen zumindest teilweise Formvorgaben, die auch im Digitalkanal erfüllt werden müssen:

So hat die Bank den Verbraucher im Rahmen eines Immobiliar-Verbraucherdarlehensvertrags in Fremdwährung gem. § 493 Abs. 4 S.1, S. 2 Nr. 1 BGB über relevante Änderungen des Wechselkurses auf einem dauerhaften Datenträger zu unterrichten. Ebenso verlangt § 493 Abs. 5 S. 1 BGB die Verwendung eines dauerhaften Datenträgers zur Mitteilung der Informationen, derer der Kunde für eine vorzeitige Rückzahlung bedarf. Verstöße gegen die vorgeschriebene Form können in derartigen Fällen mangels Vorliegens von Willenserklärungen von Vornherein nicht gem. § 125 S. 1 BGB sanktioniert werden. In Betracht kommt daher nur eine Haftung der Bank nach § 280 Abs. 1 BGB auf Ersatz der Schäden, die dem Kunden daraus entstehen, dass die Bank eine unzulässige Form gewählt hat. Hierbei dürfte es sich allerdings um ein eher theoretisches Problem handeln, da der Rechtsverstoß für einen etwaigen Schaden kaum je kausal sein dürfte, falls der Kunde nur überhaupt über den mitzuteilenden Umstand informiert worden ist.

56 Unstr., *Einsele*, in: MünchKommBGB, Bd. I, 8. Aufl. 2018, § 126b Rn. 1; Palandt/*Ellenberger* § 126b Rn. 1; Staudinger/*Hertel* (2017), § 126b Rn. 10 f.

6.2 Die Erfüllung der Mitteilungspflicht in Textform und das elektronische Bankpostfach

6.2.1 Allgemeines

Soweit rechtsgeschäftliche Erklärungen oder sonstige Mitteilungen der Bank der Textform bedürfen, stellt sich die Frage, wie dieser Form im Digitalgeschäft genügt werden kann. Etabliert hat sich in der Vergangenheit im Bereich der Konto- und Depotführung die Verwendung elektronischer Bank-Postfächer, in die die Bank relevante Mitteilungen – in der Regel als PDF-Datei – einstellt. Der Kunde kann die eingestellten Mitteilungen dort einsehen, ausdrucken oder lokal speichern, nachdem er sich mit seinen persönlichen Nutzerdaten angemeldet hat. Elektronische Postfächer haben gegenüber alternativen Modellen erhebliche Vorteile: Ihre Betreiber können die Einhaltung hoher Sicherheitsstandards durchsetzen und vermeiden den datenschutzrechtlich bedenklichen Versand von Daten mittels E-Mail an die Kunden. Für letztere wiederum entfällt die Obliegenheit, die Daten selbst lokal zu speichern oder gar auszudrucken, da sie diese im Postfach jederzeit einsehen und regelmäßig lange archivieren können. Die Vertragsbedingungen für derartige Postfächer werden in der Regel in Sonderbedingungen normiert. Zu den typischen Inhalten derartiger Bedingungen zählt jedenfalls die Abrede, dass die Bank den Zugang von Erklärungen und Mitteilungen ausschließlich elektronisch über das Postfach bewirkt und dass die Bank nicht berechtigt ist, einmal in das Postfach eingestellte Dokumente nachträglich zu ändern.[57]

Derartige elektronische Bankpostfächer sind im Wesentlichen unter zwei Aspekten problematisch: Erstens erlangt der Kunde von den für ihn bestimmten Informationen und Erklärungen konkrete Kenntnis erst dann, wenn er die für ihn bestimmten Unterlagen auch tatsächlich aufruft. Damit ähnelt das elektronische Postfach zwar einem herkömmlichen Briefkasten, weist indes die Besonderheit auf, dass das elektronische Postfach in der Praxis kaum täglich und häufig noch nicht einmal regelmäßig konsultiert wird. Viele Kreditinstitute begegnen diesem Phänomen, indem sie ihre Kunden auf einem anderen Weg (SMS, E-Mail oder sonstige Textnachricht) darüber informieren, dass für sie „Post“ eingegangen sei. Zweitens haben elektronische Bankpostfächer zwar den Vorteil, dass die Bank als Betreiberin des Postfachs die Vertraulichkeit der Informationen sicherstellen und den unberechtigten Zugriff Dritter verhindern kann. Dem steht freilich aus Kun-

57 Vgl. etwa Ziffern 2, 3 und 6 der Sonderbedingungen zur Nutzung des Online-Banking-Postfachs der Deutsche Bank AG vom 27. März 2018.

densicht der Nachteil gegenüber, dass das elektronische Postfach von der anderen Vertragspartei administriert wird. Die Bank kann den Kunden damit zumindest theoretisch vorübergehend oder gar dauerhaft vom Zugang zu seinem Postfach ausschließen oder in das Postfach eingestellte Dokumente unbemerkt nachträglich austauschen oder ändern. Ein derartiger Eingriff verstößt zwar gegen die Vertragsbedingungen für das elektronische Postfach, ist aber gleichwohl möglich – und dies in vielen Fällen, ohne dass der Kunde den Verstoß bemerken und/oder nachweisen könnte. Die betreffende Mitteilung ist dem Zugriff der Bank damit erst entzogen, wenn er die Informationen tatsächlich außerhalb des Postfachs gespeichert oder ausgedruckt hat.

Zwei wegweisende Urteile auf nationaler und europäischer Ebene zu der Thematik sind vorab zu erwähnen: In der „Holzhocker"-Entscheidung von 2010 hatte sich der Bundesgerichtshof mit der Frage zu befassen, ob eine Belehrung über das im Fernabsatz von Waren bestehende Widerrufsrecht in der erforderlichen Textform erfolgt war.[58] Nach Ansicht des BGH, die mit derjenigen des deutschen Gesetzgebers übereinstimmt,[59] teilt der Unternehmen dem Verbraucher eine Widerrufsbelehrung, die er in ein bei eBay geführtes Postfach einstellt, erst dann auf einem dauerhaften Datenträger mit, wenn der Verbraucher die Erklärung ausdruckt oder außerhalb des Postfachs speichert. Der EuGH hatte es 2017 im Fall „BAWAG"[60] mit der Erfüllung von Mitteilungspflichten nach der ersten Zahlungsdiensterichtlinie (PSD1)[61] zu tun, die ebenso wie die PSD2 für Mitteilungen regelmäßig die Textform vorschreibt bzw. verlangt, dass die Erklärung auf einem dauerhaften Datenträger übermittelt wird.[62] *In concreto* hatte eine österreichische Bank für ihren Kunden ein elektronisches Bankpostfach geführt und dort Nachrichten hinterlegt. Der EuGH entschied, dass das Einstellen von Nachrichten in das Postfach durchaus zu einer wirksamen Mitteilung auf einem dauerhaften Datenträger führen könne. Allerdings bedürfe es hierfür der Erfüllung zweier Voraussetzungen: Erstens müsse das elektronische Postfach die Anforderungen an einen dauerhaften Datenträger erfüllen, zweitens sei der Kunde darüber hinaus von der Bank über einen anderen Informationskanal darüber zu informieren, dass neue Informationen für ihn abrufbar seien. Beide Kriterien sind im Folgenden näher zu untersuchen und zu hinterfragen.

58 BGH 29.4.2010 – I ZR 66/08, NJW 2010, 3566 Rn. 18f.

59 Vgl. Begründung des Regierungsentwurfs zum Fernabsatzgesetz, BT-Drucks. 14/2658, S. 40f.

60 EuGH vom 25.1.2017 – Rs. C-375/15 „BAWAG PSK", NJW 2017, 871.

61 Richtlinie 2007/64/EG des Europäischen Parlaments und des Rates vom 13. November 2007 über Zah-lungsdienste im Binnenmarkt etc., ABl. L 319, S. 1.

62 Vgl. dazu oben 1.b), c).

6.2.2 Elektronische Postfächer im online-Banking als dauerhafte Datenträger?

Nach Ansicht des EuGH stellt die Website, über die das elektronische Postfach zugänglich ist, nur dann einen dauerhaften Datenträger dar, wenn die an den Zahlungsdienstnutzer gerichteten Informationen dort derart gespeichert werden, dass der Nutzer sie in der Folge für eine angemessene Dauer einsehen kann und ihm die unveränderte Wiedergabe der Informationen über das Postfach möglich ist. Letzteres erfordere, dass ihr Inhalt weder durch den Zahlungsdienstleister noch durch einen Administrator einseitig geändert werden kann.[63]

Soweit sich diese Aussage auf die Möglichkeiten der Einsichtnahme in die Informationen und deren unveränderter Wiedergabe bezieht, entstammt sie der Legaldefinition des „dauerhaften Datenträgers" in Art. 4 Nr. 25 PSD1 bzw. Art. 4 Nr. 35 PSD2. Der Begriff selbst geht zurück auf die ehemalige FARiL 1997, wo er in Erwägungsgrund (13) und Art. 5 Abs. 1 verwendet, aber nicht definiert wurde. Die erste Legaldefinition des dauerhaften Datenträgers findet sich in Art. 2 lit. (f) FAFDRiL 2002, die sich ihrerseits an Art. 10 Abs. 3 der E-commerce-Richtlinie von 2000[64] orientiert. Diese Definition wird seither im Sekundärrecht regelmäßig praktisch wortlautidentisch verwendet.[65]

Auch das Erfordernis der Unveränderlichkeit der Information geht auf die besagte Legaldefinition zurück. Speziell in Bezug auf Internetseiten wird die Bedeutung des Unveränderlichkeitserfordernisses explizit hervorgehoben unter anderem von Erwägungsgrund (20) FAFDRiL 2002, Erwägungsgrund (24) PSD1 und Erwägungsgrund (57) PSD2 sowie von Art. 2 Nr. 12 der ersten Versicherungsvermittlerrichtlinie von 2002 (IMD1)[66]. Bereits 2010 hatte der EFTA-Gerichtshof im Urteil „Inconsult" zu den Informationspflichten nach der IMD1[67] formuliert, dass „fortgeschrittene" Internet-Websites, die einen sicheren Speicherbereich für einzelne Nutzer vorhalten, auf den mittels Benutzernamen und Passwort zugegriffen werden kann, dauerhafte Datenträger darstellten *können*. Voraussetzung hierfür sei indes, dass dieses Verfahren zur Speicherung von In-

63 Vgl. EuGH 25.1.2017 – Rs. C-375/15 „BAWAG PSK", NJW 2017, 871, Leitsatz 1, 1. Spiegelstrich und Rn. 44.

64 Richtlinie 2000/31/EG des Europäischen Parlaments und des Rates vom 8. Juni 2000 über bestimmte rechtliche Aspekte der Dienste der Informationsgesellschaft etc., L 178, S. 1.

65 Vgl. neben PSD1 und PSD2 insbes. Art. 3 lit. m) VerbrKrRiL 2008, Art. 3 Nr. 10 VerbrRRiL 2010, Art. 4 Nr. 18 ImmoKrRiL 2014.

66 Richtlinie 2002/92/EG des Europäischen Parlaments und des Rates vom 9. Dezember 2002 über Versicherungsvermittlung, ABl. 2003 L 9, S. 3. Ohne Bezug zu Internetseiten dagegen Art. 2 Abs. 1 Nr. 18 IMD2 (Richtlinie (EU) 2016/97 des Europäischen Parlaments und des Rates vom 20. Januar 2016 über Versicherungsvertrieb (Neufassung), ABl. L 26, S. 19).

67 EFTA-Gerichtshof 27.1.2010 – E-4/09, VersR 2010, 793 Rn. 66.

formationen *jede* Möglichkeit der Änderung durch den Versicherungsvermittler ausschließe. Auch der EuGH hat in der Vergangenheit auf die besondere Bedeutung des Unveränderlichkeitserfordernisses hingewiesen. In der Entscheidung „Content Services“ aus dem Jahr 2012,[68] die sich allerdings auf „einfache“ websites und nicht auf Postfächer bezog, führte er aus, dass ein elektronischer Datenträger dem Papier funktional äquivalent sein müsse, um einen hinreichenden Verbraucherschutz zu gewährleisten.[69] Das elektronische Medium muss danach für den Verbraucher die gleichen Zugriffsmöglichkeiten und die gleiche Reproduzierbarkeit bieten wie eine traditionelle Postsendung. Für die PSD1 formuliert der EuGH nunmehr im Urteil „BAWAG“, ein elektronisches Postfach sei nur dann als dauerhafter Datenträger anzusehen, falls die dort gespeicherten Dokumente nicht einseitig durch den Zahlungsdienstleister oder einen Administrator geändert werden können.[70] Dieses Erfordernis stehe in Einklang mit den Erwägungsgründen (21) und (22) PSD1 genannten Zielen, nämlich dem Schutz der Zahlungsdienstnutzer und insbesondere der Verbraucher.[71]

Ob bzw. wie sich Unveränderlichkeitserfordernis allerdings Rechnung tragen lässt, ist umstritten. Denn der EuGH hat im „BAWAG“-Urteil ausgerechnet die Prüfung des Vorliegens dieser Voraussetzungen an die österreichischen Gerichte delegiert,[72] ohne diese näher zu instruieren, welche Maßstäbe sie insoweit anzuwenden haben. So wird in Folge der „BAWAG“-Entscheidung vertreten, dass bereits die derzeit im Geschäftsverkehr verwendeten Postfächer dauerhafte Datenträger darstellten.[73] Vermutlich liegt dieser Bewertung zu Grunde, dass die Kreditinstitute sich in ihren Sonderbedingungen nach dem oben unter a) Gesagten dazu verpflichten, eingestellte Informationen nachträglich nicht mehr zu ändern. Auch die PSD1 streitet für eine solche Interpretation. Denn wenn Erwägungsgrund (24) S. 2 PSD1 (ebenso nunmehr Erwägungsgrund (57) S. 2 PSD2) im Kontext des Zahlungsverkehrsrechts erläutert, dass die Mitteilung von Informationen und Vertragserklärungen auch auf einer Website erfolgen könne, legt dies zumindest nahe, dass der europäische Gesetzgeber gerade die im Bankenverkehr seit Jahren verbreiteten Postfächer im Blick hatte. Und in der Tat hat die Kommission im Zuge ihrer Vorarbeiten an der PSD2 explizit diese These vertreten.[74]

---

68 EuGH 5.7.2012 – Rs. C-49/11 „Content Services“, NJW 2012, 2637.

69 EuGH 5.7.2012 – Rs. C-49/11 „Content Services“, NJW 2012, 2637, Rn. 38 ff.; ausf. auch GA *Bobek* in Rn. 50 f. seinem Schlussantrag vom 15.9.2016 in der Sache „BAWAG“.

70 EuGH 25.1.2017 – Rs. C-375/15 „BAWAG PSK“, NJW 2017, 871, Rn. 44.

71 EuGH 25.1.2017 – Rs. C-375/15 „BAWAG PSK“, NJW 2017, 871, Rn. 45.

72 EuGH 25.1.2017 – Rs. C-375/15 „BAWAG PSK“, NJW 2017, 871, Rn. 46.

73 So *Zahrte*, BKR 2017, 279, 284.

74 Vgl. Impact Assessment vom 24.7.2013, SWD(2013) 288 final, S. 246.

Allerdings ist der Wortlaut von PSD1 und PSD2 deswegen wenig aussagekräftig, weil beide Richtlinien lediglich pauschal eine altbekannte Definition übernommen und diese gerade nicht speziell auf elektronische Bankpostfächer bezogen haben. Zudem bleibt es bei dem in der Entscheidung „Content Services" zu Recht herausgestellten Erfordernis der Äquivalenz des dauerhaften Datenträgers mit der Aushändigung papierhafter Informationen. Zwar lässt sich durch eine fortgeschrittene elektronische Signatur nach Art. 3 Nr. 1, Art. 26 eIDAS-Verordnung immerhin sicherstellen, dass der Leser erkennt, ob eine in ein elektronisches Bank-Postfach eingestellte Datei nach dem Datum ihrer Erstellung verändert worden ist. Solange die Bank dem Kunden aber dennoch tatsächlich den Zugriff auf sein Postfach einseitig verwehren oder bereits eingestellte Informationen jedenfalls wieder vollständig löschen kann, befindet sich der Kunde in einer Situation, die man kaum ernstlich mit derjenigen bei einer papierhaften Informationsüberlassung gleichsetzen kann.

Soll ein von der Bank selbst betriebenes elektronisches Postfach eine geeignete Empfangsvorrichtung darstellen, muss daher technisch sichergestellt sein, dass der Kunde auch ohne Mitwirkung der Bank an die an ihn adressierten Informationen gelangen und zusätzlich die Bank die Informationen nicht mehr nachträglich manipulieren oder gar löschen kann. Dieses Problem lässt sich im Digitalgeschäft meines Erachtens nur lösen durch Verwendung von Internetpostfächern, die von neutralen Dritten als „Trust-Center" betrieben werden. Hier verpflichtet sich der Postfachbetreiber, bei dem auch die technischen Administratorenrechte liegen, treuhänderisch sowohl gegenüber der Bank als auch gegenüber deren Kunden, keinesfalls nachträgliche Änderungen oder Löschungen der eingestellten Dokumente zuzulassen.[75] Selbst bei einer solchen Konstruktion hätte allerdings zumindest das Trust-Center weiterhin Zugriff auf die website, was an sich den Anforderungen des „BAWAG"-Urteils widerspricht. Freilich darf der Administrator von seinen Möglichkeiten aufgrund der Treuhandabrede mit beiden Parteien keinen Gebrauch machen. Dagegen lässt sich das vom EuGH geforderte Verbot des Zugriffs eines jeden Administrators auf die Daten keinesfalls erfüllen, weil es etwas technisch Unmögliches verlangt: Solange Daten nicht auf einem lokalen Speichermedium des Nutzers liegen, sondern sie „in der Cloud" oder bei einem externen Anbieter gespeichert sind, hat der dortige Administrator zwingend jedenfalls tatsächlichen Zugriff auf die Daten. So liegt es auch bei privaten E-Mail-Postfächern, auf die die Administratoren des Providers zwar selbstverständlich eine Zugriffsmöglichkeit haben, an die aber dennoch unbe-

75 Eine derartige Lösung in Betracht ziehend auch *Heckmann/Kaspareit*, NJW 2017, 871, 873.

stritten Informationen in Textform gesendet werden können.[76] In der Logik des Urteils „BAWAG“ läge es, selbst einen Versand von Unterlagen an einen E-Mail-Account des Kunden für unzulässig zu erachten, was ersichtlich verfehlt ist, weil der private E-Mail-Account des Kunden dem Zugriff der Bank entzogen ist. Der Sache nach kann es daher nur darum gehen sicherzustellen, dass jedenfalls die Bank die für den Kunden bestimmten Mitteilungen nicht nachträglich manipulieren kann. Dies ist beim Trust-Center-Modell gewährleistet.

Trust-Center-Lösungen mögen aus Sicht der Kreditwirtschaft mit Zusatzkosten verbunden sein, da die Banken ihre elektronischen Postfächer von ihrem allgemeinen online-Banking-Angebot zumindest partiell abkoppeln müssen. Andererseits haben die meisten Zahlungsdienstleister zumindest den technischen Betrieb ihrer Postfächer ohnedies bereits an externe Dienstleister ausgelagert. Es ist ihnen daher zumutbar, den Dritten dazu zu veranlassen, sich den Kunden gegenüber rechtlich dazu zu verpflichten, ohne deren Zustimmung keine Änderungen am Bestand der eingestellten Mitteilungen vorzunehmen.

6.2.3 Zusätzliches Hinweiserfordernis auf gesondertem Kommunikationskanal

Darüber hinaus formuliert der EuGH in der „BAWAG“-Entscheidung ein weiteres, kumulativ zu beachtendes Kriterium für elektronische Mitteilungen nach der PSD1. Der Zahlungsdienstleister müsse jedenfalls dann, wenn er Erklärungen „mitzuteilen“ und nicht allein „zur Verfügung“ zu stellen hat, aktiv über einen anderen Kommunikationskanal (per Post, E-Mail, sms oder mittels sonstiger elektronischer Nachricht) darauf hinweisen, dass die Informationen abrufbar für ihn bereit stehen.[77] Der EuGH begründet dies damit, dass die Kunden ihre Bankpostfächer nicht regelmäßig einsehen und das bloße unkommentierte Einstellen der Mitteilungen in das Postfach keine hinreichende Kenntnisnahmemöglichkeit eröffne.[78] Diesem Erfordernis kann in der Praxis ohne weiteres leicht entsprochen werden.

---

76 Vgl. nur Erwägungsgrund (57) PSD2.

77 EuGH 25.1.2017 – Rs. C-375/15 „BAWAG PSK“, NJW 2017, 871, Rn. 51.

78 Vgl. EuGH 25.1.2017 – Rs. C-375/15 „BAWAG PSK“, NJW 2017, 871, Rn. 47–51.

6.2.4 Zusammenfassende Bewertung

Namentlich *Einsele* weist darauf hin, dass der EuGH den Aspekt des Vorliegens eines dauerhaften Datenträgers und denjenigen der Mitteilung der Informationen, d. h. ihres Zugangs, bedenklich miteinander vermische und letztlich eine spezielle Bringschuld der Bank begründe.[79] In der Tat stellt ein elektronisches Bankpostfach, das die vom EuGH gestellten Anforderungen an einen dauerhaften Datenträger erfüllt, zugleich eine Zugangseinrichtung des Kunden dar, da es ausschließlich seinem Machtbereich zuzuordnen ist.[80] Auch verlangt § 126b BGB für die Erfüllung der Textform lediglich, dass die Erklärung auf einem dauerhaften Datenträger *abgegeben* wird, nicht aber, dass sie auf diesem Träger auch zugeht.[81] Ferner scheint das Unionsrecht nicht durchgängig vorzuschreiben, dass der Erklärende dem Adressaten einen dauerhaften Datenträger verschafft. Zwar nennen die Erwägungsgründe der einschlägigen Richtlinien als dauerhafte Datenträger insbesondere physische Speichermedien wie Disketten, CD-ROMS, DVDs und USB-Sticks, die zwingend dem Empfänger übergeben werden müssen. Doch werden auch die E-Mail und die Festplatte des Rechners des Kunden erwähnt,[82] bei denen der Speicherort für die übermittelten Daten der Sphäre des Verbrauchers zuzurechnen ist. Darüber hinaus folgt aus Erwägungsgrund (57) S. 2 PSD2 (Erwägungsgrund (24) S. 2 PSD1) für das Zahlungsverkehrsrecht, dass Informationen und Vertragserklärungen in Textform auch auf einer Website erfolgen können. Dies legt zumindest nahe, dass der europäische Gesetzgeber gerade die im Bankenverkehr seit Jahren verbreiteten Postfächer im Blick hatte.[83]

Danach wären auf den Zugang von Mitteilungen, die auf einem dauerhaften Datenträger zu tätigen sind, die allgemeinen Zugangsregelungen anwendbar: Die Bank müsste lediglich eine für den Verbraucher reproduzierbare, d. h. speicher- oder druckbare Nachricht so zur Verfügung stellen, dass der Verbraucher von dieser nach üblichem Verlauf der Dingte Kenntnis erlangen *könnte*. Ob und wie es zu dieser Kenntnisnahme kommt und ob der Verbraucher die für ihn bereitgestellten Daten lokal speichert oder ausdruckt, wäre danach ebenso irrelevant wie die Frage, ob der Verbraucher ein ihm ausgehändigtes Papierdokument

---

79 MünchKommBGB/*Einsele*, § 126b Rn. 5 f.; wohl auch Staudinger/*Hertel* (2017), § 126b Rn. 18.

80 Krit. zu diesem Kriterium (und primär auf Widmung und Kenntnisnahmemöglichkeit abstellend) etwa Staudinger/*Singer/Benedict* (2017), § 130 BGB Rn. 39 ff.

81 Vgl. Begründung des RegE eines Gesetzes über Fernabsatzverträge und andere Fragen des Verbraucherrechts sowie zur Umstellung von Vorschriften auf Euro, BT-Drucks. 14/2568, S. 40 f.

82 Vgl. nur Erwägungsgrund (57) PSD2.

83 Vgl. auch das Impact Assessment der Kommission im Kontext der PSD2 vom 24.7.2013, SWD (2013) 288 final, S. 246.

liest und/oder aufbewahrt. Soweit die Bank die geschuldeten Informationen erst verspätet zur Verfügung stellt (was auch den Fall einschließt, dass sie zunächst unzutreffende Angaben macht und diese nachträglich korrigiert), scheint dies ausschließlich zu ihren Lasten zu gehen: Denn da die Bank für den rechtzeitigen Zugang korrekter Information zu sorgen hat, muss sie behaupten und gegebenenfalls nachweisen, welche Informationen mit welchem Inhalt sie wann in das Postfach eingestellt hat. Ferner scheint selbst eine nachträgliche Korrektur zuvor eingestellter unzutreffender Informationen für den Verbraucher unbedenklich, da er allein Anspruch auf korrekte Informationen hat.

Dennoch sprechen sprachliche, systematische, teleologische und historische Argumente für die vom EuGH entwickelten Lösung. Zunächst fällt auf, dass das Unionsrecht – anders als das deutsche – typischer Weise davon spricht, dass dem Verbraucher die Informationen *auf* einem dauerhaften Datenträger zur Verfügung zu stellen sind.[84] Dies ist ein Indiz dafür, dass der Kunde den Datenträger von der Bank erhalten soll und sei es auch nur, wie im Fall der E-Mail, lediglich mittelbar. Die Definition des dauerhaften Datenträgers dient ferner unzweifelhaft dazu, diejenigen technischen Anforderungen festzuschreiben, denen eine elektronische Erklärung genügen muss, um einer papierhaft festgehaltenen Erklärung funktional vergleichbar zu sein.[85] Diese „Papier-Analogie" wiederum verlangt, dass das elektronische Medium die mit dem Erfordernis der Übermittlung von Informationen auf Papier verbundenen Zwecke gleichermaßen erfüllt. Insoweit ging und geht es entscheidend darum, dem Verbraucher die betreffenden Informationen nachhaltig zu Dokumentationszwecken zukommen zu lassen.[86] Der Kunde soll jederzeit und unabhängig vom Unternehmer dazu in der Lage sein, sich über die mitteilungsbedürftigen Umstände zu informieren, um seine Rechte und Pflichten auch ohne Mitwirkung der Bank einschätzen zu können. Das aber ist nur der Fall, wenn der Kunde jederzeit auf die unveränderten Daten zugreifen kann. Diese Konsultationsmöglichkeit wiederum hat sich auch auf unzutreffende Informationen zu beziehen, da Fehlinformationen ausnahmsweise auch Schadensersatzansprüche des Kunden gegen die Bank begründen können. Deren Überprüfung und Durchsetzung würde unmöglich gemacht, wenn die Bank ohne Nachweismöglichkeit für den Kunden auf die Informationen im Postfach zugrei-

84 Vgl. nur ohne Anspruch der Vollständigkeit Art. 44 (1), Art. 51 (1), Art. 53, Art. 57 Abs. 3, Art. 58 Abs. 3, Art. 101 abs. 2 PSD2, Art. 5 Abs. 1 S. 2, Art. 6 Abs. 1 UA (3), Art. 10 Abs. 1 S. 1, Art. 11 Abs. 1, Art. 12 Abs. 1 VerbrKrRiL.

85 So bereits EuGH 5.7.2012 – Rs. C-49/11 „Content Services", NJW 2012, 2637, Rn. 38 ff.; ausf. auch GA *Bobek* in Rn. 50 f. seinem Schlussantrag vom 15.9.2016 in der Sache „BAWAG".

86 Unstr., MünchKommBGB/*Einsele*, § 126b Rn. 1; Palandt/*Ellenberger* § 126b Rn. 1; Staudinger/*Hertel* (2017), § 126b Rn. 10 f.

fen könnte. Darüber hinaus stellt das Sekundärrecht websites den dauerhaften Datenträgern nur gleich, wenn sie sämtliche Anforderungen an sonstige dauerhafte Datenträger erfüllen – einschließlich insbesondere des Unveränderlichkeitserfordernisses.[87] Jedenfalls „einfache" elektronische Bankpostfächer werden von Erwägungsgrund (57) S. 3 PSD2 (Erwägungsgrund (24) S. 3 PSD1) als taugliches Übermittlungsmedium nur genannt für von Art. 248 § 10 EGBGB erfassten Fälle, in denen nachträglichen Informationen über ausgeführte Zahlungsvorgänge vereinbarungsgemäß dort eingestellt werden dürfen. Diese Regelung, die ersichtlich eine Formerleichterung gegenüber der sonstigen Pflicht zur Verwendung dauerhafter Datenträger darstellt, wäre sinnlos, wenn entsprechende Postfächer bereits ohne weiteres als dauerhafte Datenträger zu qualifizieren wären. Schließlich und letztlich ist die Genese des Begriffs des dauerhaften Datenträgers im Unionsrecht zu beachten. Die Kommission hatte in ihrem ersten Vorschlag für die FAFDRiL[88] in Art. 2 lit. (f) eine Legaldefinition des dauerhaften Datenträgers vorgeschlagen, wonach es sich um „jedes Medium [handelt], das es dem Verbraucher gestattet, Informationen zu speichern, *ohne daß dieser selber diese Informationen aufzeichnen muß*, insbesondere Computerdisketten, CD-ROMs und die Hard Disk zur Speicherung der per E-Mail übermittelten Daten im Computer des Verbrauchers." Diese Formulierung ist zwar nicht in die endgültige Richtlinienfassung übernommen worden. Allerdings geht die Änderung des Textes lediglich auf den Willen zurück, neben der Speicherung auch den Ausdruck der Informationen zuzulassen; inhaltliche Änderungen waren nicht intendiert.[89]

7 Fazit

Das europäische und in seiner Folge das deutsche Verbraucherprivatrecht stellen in ihrer Komplexität kaum mehr nachvollziehbare „administrative" Anforderungen an den Vertrieb von Bankdienstleistungen über das Internet. Einstweilen

---

87 Vgl. Erwägungsgrund (20) FAFDRiL, Erwägungsgrund (24) PSD1, Erwägungsgrund (57) PSD2 sowie Art. 2 Nr. 12 der Richtlinie 2002/92/EG des Europäischen Parlaments und des Rates vom 9. Dezember 2002 über Versicherungsvermittlung, ABl. 2003 L 9, S. 3 (anders nunmehr, d. h. ohne Bezug zu Internetseiten, Art. 2 Abs. 1 Nr. 18 IMD2 der Richtlinie (EU) 2016/97 des Europäischen Parlaments und des Rates vom 20. Januar 2016 über Versicherungsvertrieb (Neufassung), ABl. L 26, S. 19).

88 Vorschlag für eine Richtlinie des Europäischen Parlaments und des Rates über den Fernabsatz von Finanzdienstleistungen an Verbraucher etc., KOM (98) 468 endg.

89 Vgl. Begründung der Kommission zu Art. 2 des geänderten Richtlinienentwurfs, KOM (99) 385 endg.

bleibt der Kreditwirtschaft nur, die disparaten gesetzlichen Anforderungen akribisch umzusetzen, will sie die Widerruflichkeit von über das Internet geschlossenen Verträgen bzw. eine Haftung aus culpa in contrahendo vermeiden.

Der europäische und der deutsche Gesetzgeber sind in ihren jeweiligen Zuständigkeitsbereichen dringend dazu aufgerufen, die Rechtslage zu vereinfachen. So sollte der europäische Gesetzgeber für den Allgemein-Verbraucherdarlehensvertrag eine einheitliche Höchstfrist für die Befugnis zur Ausübung des produktspezifischen Widerrufsrechts festschreiben oder die Festsetzung einer solchen Frist den Mitgliedstaaten zumindest erlauben, woran es derzeit namentlich im Bereich der Allgemein-Verbraucherdarlehensverträge fehlt. Die derzeitige Rechtslage ist systematisch evident unstimmig, indem sie nur das Widerrufsrecht für Immobiliar-Darlehensverträge einer Befristung unterwirft. Darüber hinaus sollte der deutsche Gesetzgeber von der vom bereits geltenden europäischen Recht in Form der VerbrKrRiL 2008 eröffneten Möglichkeit Gebrauch machen, den digitalen Abschluss von Verbraucherdarlehensverträgen durch Ersetzung des Schriftformerfordernisses des § 492 BGB durch ein Textformgebot zu ermöglichen. Das noch geltende Schriftformerfordernis ist anachronistisch und nicht durch die herkömmlichen Formzwecke legitimiert. Schließlich ist im Hinblick auf die Verwendung elektronischer Bankpostfächer zur Mitteilung von Erklärungen und Informationen in Textform bzw. auf einem dauerhaften Datenträger der EuGH-Rechtsprechung in Sachen „BAWAG“ zuzustimmen. Danach bedarf es für die formgerechte Mitteilung von Erklärungen und Informationen über ein elektronisches Bankpostfach einer „Trust Center-Lösung“: Der Betrieb des elektronischen Postfaches ist von der Bank an einen unabhängigen Dritten auszulagern, der das Postfach treuhänderisch auch im Interesse des Kunden administriert und damit sicherstellt, dass keine nachträglichen Änderungen oder Löschungen von Dokumenten erfolgen. Darüber hinaus kommt es zum Zugang der Informationen erst dann, wenn die Bank den Kunden auf einem anderen Informationskanal darauf hingewiesen hat, dass Dokumente für ihn zum Abruf bereitstehen.

Nils Rauer

Daten als wirtschaftliches Gut – Regulierung, Schutz und Eigentum

1 Einleitung

Wir leben – nicht erst seit gestern[1] – in einer zunehmend digitalen Welt. Die Kommunikationswege sind heutzutage vorwiegend elektronisch, nicht mehr analog. Man informiert sich über Google News, chattet per WhatsApp, drückt Gefühle über Bilder bei Instagram aus und rekrutiert neue Mitarbeiter über

Dr. Nils Rauer, MJI, Rechtsanwalt, Hogan Lovells International LLP, Frankfurt a. M.

1 Bereits 2007 waren 94 % der weltweiten Informationskapazitäten digital, so *Hilbert/López:* The World's Technological Capacity to Store, Communicate, and Compute Information, in: Science, 2011, 332(6025), S. 60 – 65.

https://doi.org/10.1515/9783110641103-003

LinkedIn. Bankgeschäfte werden größtenteils online abgewickelt, wobei es dem einen oder anderen bisweilen schon zu mühsam ist, das Online-Banking der eigenen Bank zu bemühen. Die Bezahlung wird vorzugsweise über sogenannte Zahlungsauslösedienste[2] in den Prozess der Online-Bestellung bei Amazon, Alibaba oder aber dem Pizza-Lieferservice um die Ecke mit integriert. Der moderne Verbraucher erwartet mithin digitale „*Convenience*"-Angebote.

Auf Ebene des digitalen Zahlungsverkehrs bringt hier die Zweite Zahlungsdiensterichtlinie (EU) 2015/2366 („**PSD2**") erhebliche Neuerungen. Der europäische Gesetzgeber hat es sich mit dieser Richtlinie ersichtlich zum Ziel gesetzt, wettbewerbsfördernd in die bestehenden Marktverhältnisse einzugreifen. Den Inhabern online geführter Zahlungskonten soll es leichter gemacht werden, die kontoführenden Zahlungsinstitute anzuweisen und persönliche Zugangsdaten an andere Zahlungsdienstleister weiterzugeben. Man spricht insoweit von einem neuen „*Open Access Ansatz*".[3]

All dies fußt darauf, dass heute binnen Millisekunden Daten ausgetauscht, abgeglichen und Transaktionen im Netz freigegeben werden können. Die modernen Rechnerkapazitäten machen es möglich – wenn man über einen Breitbandzugang zum Internet verfügt. Ganze Industriezweige machen daher heutzutage Standortentscheidungen davon abhängig, wie der Netzausbau in dem jeweiligen Landstrich vorangeht. Es ist entscheidend, auch elektronisch nah am Kunden zu sein. Die Europäische Kommission hat dementsprechend 2016 einen Aktionsplan „*5G für Europa*"[4] aufgelegt. Im Januar 2017 folgte ein mit dem Titel „*Data Economy Package*" überschriebenes Maßnahmenpaket, welches auf die Schaffung einer europäischen Datenwirtschaft abzielt.[5] Der Zugang zu Daten und damit zu digitalen Informationen ist mithin im modernen Wirtschaftsleben essentiell. Es ist der Politik ein erklärtes Ziel, diesen Zugang zu fördern, die digitale Infrastruktur auszubauen und Voraussetzungen für freie WLAN-Hotspots[6] zu schaffen. Denn nur dann können auch wirklich weite Teile der Gesellschaft die Vorzüge eines digitalen Binnenmarktes innerhalb der Europäischen Union[7] nutzen.

---

2 Legaldefiniert in Art. 4 Nr. 15 PSD2.

3 *Zahrte*, NJW 2018, 337, 338.

4 COM(2016) 588 final, veröffentlicht am 14. September 2016.

5 COM(2017) 9 final, veröffentlicht am 10. Januar 2017.

6 Vgl. das Dritte Gesetz zur Änderung des Telemediengesetzes vom September 2017, BGBl. I. 2017, S. 3530, wie auch das erste Urteil des Bundesgerichtshofs hierzu, BGH GRUR 2018, 1044 – *Dead Island*.

7 COM(2015) 192 final, veröffentlicht am 5. Mai 2015.

Die Verbrauchererwartung ist das eine, der Ausbau der Infrastruktur das andere. Dem gesellschaftspolitischen Interesse an einem weitestgehend ungehinderten Zugang zu digitalen Informationen steht aber auch die Wahrung proprietärer Interessen gegenüber. Das Internet ist nicht nur Ort des freien Meinungs- und Informationsaustauschs, die Verletzung immaterieller Schutzrechte – allem voran Urheberrechten an Bildern, Videos und Texten – ist ebenso fester Bestandteil der digitalen Welt. Nicht ohne Grund ist die Ausweitung der Providerhaftung[8] derzeit eines der umstrittensten Themen bei der Verwirklichung des bereits erwähnten digitalen Binnenmarktes.

Themen wie *Cyber Crime* und *Cyber Security* beschränken sich jedoch nicht allein auf den Bereich der gewerblichen Schutzrechte. Elektronische Daten haben heutzutage per se ihren Wert und stellen mithin ein hohes wirtschaftliches Gut dar. Die Möglichkeit, über einen größeren Datenbestand zu verfügen und diesen für sich auswerten zu können, bedeutet einen nicht zu unterschätzenden Vorteil. Die unter dem Schlagwort *Industrie 4.0* zusammengefasste Entwicklung neuer Geschäftsmodelle fußt auf nichts anderem als auf Daten. Dabei ist voranzustellen, dass die meisten europäischen Rechtsordnungen[9] – auch die deutsche – ein klassisches Eigentumsrecht an elektronischen Daten nicht kennen.[10] Die proprietäre Zuordnung erfolgt nach anderen Maximen, etwa über einen konkreten Personenbezug oder die Qualifizierung als Betriebs- und Geschäftsgeheimnis. Dennoch werden beispielsweise Kundendaten quer durch alle Wirtschaftsbereiche wie selbstverständlich als Besitzstand des Unternehmens angesehen. Da wiegt es schwer, wenn der Gesetzgeber – wie im Finanzsektor geschehen[11] – die Vorgabe macht, dass in den Markt drängenden Mitbewerbern Zugang zu den eigenen Kundendaten gewährt werden muss. Dies gilt umso mehr, wenn dies einerseits mit Kosten für neue Schnittstellen und Ähnlichem verbunden ist, man andererseits aber nicht die Möglichkeit hat, diese über Gebühren zu kompensieren. Gerade hier lohnt es sich, einmal einen etwas genaueren Blick auf Datenwirtschaft und deren generelle wie auch spezifische Regulierung durch den Gesetzgeber zu werfen.

---

8 Vgl. Art. 13 des RL-Entwurfs zur neuen Urheberrechtsrichtlinie, COM(2016) 593 final, veröffentlicht am 14. September 2016.

9 Einen Überblick liefert hier das Discussion Paper for the Expert Group on Cloud Computing Contracts: Contractual issues in relation to „control and use of content" in cloud services, April 29th – 30th 2014, *http://collections.internetmemory.org/haeu/20171122154227/http://ec.europa.eu/justice/contract/files/control_use_content_cloud_en.pdf.*

10 Vgl. *Stender-Vorwachs/Steege*, NJOZ 2018, 1361, 1362; *Markendorf*, ZD 2018, 409, 410.

11 Vgl. Art. 66 und 67 PSD2 für Zahlungsauslösedienste und Kontoinformationsdienste.

2 Werthaltigkeit von Daten

Ungeachtet der Frage, wem bestimmte Daten gehören, lässt sich gleichsam „vor die Klammer" ziehen, dass digitale Informationen und die Möglichkeit, diese auswerten zu können, ein ganz erhebliches Wirtschaftsgut darstellen. Dies gilt in besonderem Maße für Kundendaten von Zahlungsdienstleistern. Gerade Banken verfügen über sehr werthaltige, weil aufschlussgebende Informationen über ihre Kunden. Banken sind zum Teil gesetzlich verpflichtet, sehr detaillierte Informationen einzuholen, bevor ein bestimmtes Bankgeschäft durchgeführt werden kann. Der Grundsatz *Know Your Customer* oder kurz „*KYC*" trifft im Bereich der Finanzwirtschaft vollumfänglich zu. Hinzu kommen die mannigfaltigen Kontobewegungen, welche über das Konsumverhalten des Kunden Aufschluss geben. Es darf daher festgehalten werden, dass gerade im Finanzsektor Kundendaten ein wirtschaftlich bedeutendes „Asset" sind.

3 Proprietäre Zuordnung von Daten

3.1 Zivilrecht

Wie eingangs bereits angedeutet, existiert *de lege lata* kein dem Sacheigentum im Sinne des § 90 BGB vergleichbares Eigentum an digitalen Daten. Letztere sind keine Sachen im zivilrechtlichen Sinne. Das Eigentum ist gemäß § 903 BGB aber zwingend an eine Sache als Rechtsobjekt geknüpft. Eine analoge Anwendung der Normen auf rein virtuelle Gegenstände scheidet aufgrund des klaren Wortlauts aus.[12] Insbesondere der Versuch der Herleitung einer solchen Analogie über § 303a StGB und den sogenannten „*Skripturakt*", wie etwa sie *Hoeren*[13] vorschlägt, vermag nicht zu überzeugen. Es fehlt hier insbesondere an einer planwidrigen Lücke im Gesetz.[14] Auch Art. 14 GG bietet für ein allgemeines Dateneigentum keine Anhaltspunkte.[15]

---

12 So zu Recht auch *Thalhofer*, GRUR-Prax 2017, 225, 226; *Boehm*, ZEuP 2016, 358, 381; *Wemmer/Bodensiek*, K&R 2004, 432, 435.

13 *Hoeren*, MMR 2013, 486, 487 ff.; kritisch hierzu auch *Thalhofer*, GRUR-Prax 2017, 225, 226.

14 Vgl. auch *Peschel/Rockstroh*, MMR 2014, 571, 572.

15 *Fezer*, MMR 2017, 3, hingegen lässt diese Option ausdrücklich dahinstehen, dies allerdings im Kontext einer Zuordnung zum betroffenen Datensubjekt.

Bisweilen wird eine Einstufung als sonstiges absolutes Recht im Sinne des § 823 Abs. 1 BGB diskutiert.[16] Speziell mit Blick auf Kundendaten wird eine eigentumsrechtliche Zuordnung zu dem über die Daten verfügenden Unternehmen jedoch soweit ersichtlich nicht in Erwägung gezogen.[17] Gerade bei personenbezogenen Daten vermag die Annahme eines deliktisch absolut geschützten Rechts, dessen Inhaber gerade nicht das Datensubjekt ist, nicht zu überzeugen. Hiergegen steht schon das verfassungsrechtlich in Art. 2 Abs. 1 GG i.V.m. Art. 1 Abs. 1 GG verbriefte Recht auf informationelle Selbstbestimmung.[18] auch mit Blick auf maschinen-generierte Daten wird man *de lege lata* jedoch nicht davon ausgehen können, dass ein zivilrechtlicher Eigentumsschutz und damit ein Ausschließlichkeitsrecht im Sinne des § 903 BGB gegeben ist.

Es ist damit zu konstatieren, dass das deutsche Zivilrecht keinen eigentumsrechtlichen Schutz für digitale Daten bietet. Eine zivilrechtliche Zuordnung insbesondere von Kundendaten existiert nicht. Unternehmen können sich hinsichtlich ihrer Kundendatenbanken daher nicht auf ein Eigentumsrecht berufen.

3.2 Datenschutzrecht

Die wahrscheinlich augenscheinlichste und seit Inkrafttreten der Datenschutzgrundverordnung 2016/679 („**DSGVO**") zum 25. Mai 2018 sicherlich auch die meist diskutierteste proprietäre Zuordnung von Daten ist die Allokation sogenannter personenbezogener Daten. Gemäß Art. 4 Nr. 1 DSGVO versteht man unter selbigen jede Information, die sich auf eine identifizierte oder identifizierbare natürliche Person bezieht. Als identifizierbar wird eine natürliche Person angesehen, die direkt oder indirekt, insbesondere mittels Zuordnung zu einer Kennung wie einem Namen, zu einer Kennnummer, zu Standortdaten, zu einer Online-Kennung oder zu einem oder mehreren besonderen Merkmalen identifiziert werden kann, die Ausdruck der physischen, physiologischen, genetischen, psychischen, wirtschaftlichen, kulturellen oder sozialen Identität dieser natürlichen Person sind. Die Definition des personenbezogenen Datums ist mithin denkbar weit.[19]

---

16 *Berberich*, Virtuelles Eigentum, 2010, 212; *Specht*, Konsequenzen der Ökonomisierung informationeller Selbstbestimmung: Die zivilrechtliche Erfassung des Datenhandels, 2012, 158 ff.

17 Siehe dazu auch nachstehend unter Ziffer 3.3.

18 BVerfGE BeckRS 1983, 107403 – *Volkszählung*; kritisch allerdings *Veil*, NVWZ 2018, 686, 687 f., der von der „*Utopie der informationellen Selbstbestimmung*" und der „*Mythologie, die sich um das Rechtsinstitut der Einwilligung*" ranke, spricht.

19 *Klar/Kühling*, in: Kühling/Buchner, DS-GVO, 1. Auflage 2017, Art. 4 Rn. 8.

Wie schon nach altem Recht handelt es sich um ein sogenanntes Verbot mit Erlaubnisvorbehalt.[20] Derjenige, der die Daten verarbeitet, bedarf also einer hinreichenden Rechtfertigung. Der Schutz personenbezogener Daten fußt dabei auf Art. 8 der Europäischen Grundrechtscharta.[21] Danach hat jede Person das Recht auf Schutz der sie betreffenden personenbezogenen Daten. Letztere dürfen nur nach Treu und Glauben für festgelegte Zwecke und mit Einwilligung der betroffenen Person oder auf einer sonstigen gesetzlich geregelten legitimen Grundlage verarbeitet werden. Mit anderen Worten, der Einzelne soll selbst *„Herr seiner Daten"* sein.[22] Dies bewirkt zweierlei: Der Betroffene kann Dritte von der Verarbeitung seiner personenbezogenen Daten ausschließen, er ist aber auch dahingehend frei, selbige zu gestatten. Diese vom Gesetzgeber intendierte und letztlich auf dem Grundrecht der informationellen Selbstbestimmung[23] fußende Autarkie gilt es zu respektieren.

Juristische Personen sind – dies sei ergänzt – vom Schutzbereich ausgenommen, doch greifen die Bestimmungen des Datenschutzrechts naturgemäß dann ein, wenn Informationen zu einer juristischen Person „durchschlagen" etwa auf die Ebene der Mitarbeiter des Unternehmens.[24] Bei (Geschäfts-)Kundendaten ist daher stets zu prüfen, ob ihnen ein Personenbezug innewohnt oder das jeweilige Unternehmen lediglich generisch benannt ist.

3.3 Geschäfts- und Betriebsgeheimnisse

Die Zuordnung von Daten zu einem Unternehmen erfolgt in erster Linie über den Schutz von Geschäfts- und Betriebsgeheimnissen. Dieser findet sich nach geltendem Recht in § 17 UWG normiert. Geschützt ist jede im Zusammenhang mit einem Betrieb stehende Tatsache, die nicht offenkundig, sondern nur einem eng begrenzten Personenkreis bekannt ist und nach dem bekundeten Willen des Betriebsinhabers, der auf einem ausreichen wirtschaftlichen Interesse beruht,

---

20 *Ingold* , in: Sydow, Europäische Datenschutzgrundverordnung, 2. Auflage 2018, Art. 6 Rn. 8

21 ABl. der Europäischen Gemeinschaften (2000) C 364/1.

22 *Buchner/Petri*, in: Kühling/Buchner, aaO., Art. 6 Rn. 10.

23 BVerfGE BeckRS 1983, 107403 – *Volkszählung*; kritisch allerdings *Veil*, NVWZ 2018, 686, 687 f., der von der *„Utopie der informationellen Selbstbestimmung"* und der *„Mythologie, die sich um das Rechtsinstitut der Einwilligung"* ranke, spricht.

24 Vgl. Stellungnahme der Art.-29-Datenschutzgruppe 4/2007, WP 136, 27.

geheim gehalten werden soll.[25] Gerade Kundendaten fallen regelmäßig unter den Schutz nach § 17 UWG.

Mit der Richtlinie (EU) 2016/943 über den Schutz vertraulichen Know-hows und vertraulicher Geschäftsinformationen (Geschäftsgeheimnisse) vor rechtswidrigem Erwerb sowie rechtswidriger Nutzung und Offenlegung strebt der europäische Gesetzgeber allerdings derzeit eine Harmonisierung dieses Rechtsbereichs an. Die Bundesregierung hat in Umsetzung besagter Richtlinie am 18. Juli 2018 einen Regierungsentwurf auf den Weg gebracht.[26] Nach § 2 Nr. 1 des neuen Gesetzes zum Schutz von Geschäftsgeheimnissen („**GeschGehG**") soll eine Information dann ein schützenswertes Geschäftsgeheimnis darstellen, wenn sie (a) weder insgesamt noch in der genauen Anordnung und Zusammensetzung ihrer Bestandteile den Personen in den Kreisen, die üblicherweise mit dieser Art von Informationen umgehen, allgemein bekannt oder ohne weiteres zugänglich ist und daher von wirtschaftlichem Wert ist und (b) Gegenstand von den Umständen nach angemessenen Geheimhaltungsmaßnahmen durch ihren rechtmäßigen Inhaber ist. Auch diese Information würde Kundendaten mit einschließen.

Bei dem Schutz von Geschäfts- und Betriebsgeheimnissen handelt es sich in erster Linie um die Wahrung von Vertraulichkeit. Derartige Geheimnisse stellen per se weder ein eigenständiges Immaterialgüterrecht[27] noch ein absolutes Recht[28] im Sinne des § 823 Abs. 1 BGB dar. Gleichwohl findet der Geheimnisschutz seine Grundlage in verfassungsrechtlich durch Art. 12 und 14 GG geschützten Positionen.[29] Auch kann sich ein Recht auf Vertraulichkeit aus dem Recht am eingerichteten und ausgeübten Gewerbebetrieb ableiten.[30]

---

25 St. Rspr.: BGH GRUR 2006, 1044, 1046 – *Kundendatenprogramm*; BGH GRUR 2009, 603, 604 – *Versicherungsvertreter.*

26 Siehe *https://www.bmjv.de/SharedDocs/Gesetzgebungsverfahren/DE/GeschGehG.html.*

27 *Goldhammer* NVwZ 2017, 1809, 1809 f.; *McGuire* GRUR 2016, 1000,1005.

28 So zu Recht *Brammsen*, in: Münchener Kommentar zum Lauterkeitsrecht, 2. Auflage 2014, § 17 Rn. 7; *Harte-Bavendamm*, in: Harte-Bavendamm/Henning-Bodewig, UWG, 4. Auflage 2016, § 17 Rn. 50; aA. *Köhler*, in: Köhler/Bornkamm/Feddersen, UWG, 36. Auflage 2018, § 17 Rn. 53.

29 Vgl. den Überblick zu den vertretenen Ansichten bei *Ohly*, in: Ohly/Sosnitza, UWG, 7. Auflage 2016, vor §§ 17–19 Rn. 8 ff.

30 BGH GRUR 1990, 221, 222 – *Forschungskosten*; BGH GRUR 1955, 388, 390 – *Dücko.*

3.4 Bankgeheimnis

Auch das sogenannte Bankgeheimnis beinhaltet eine (zu-)ordnende Komponente. Es findet sich in Ziffer 2.1 der Allgemeinen Geschäftsbedingungen der Banken verankert. Als vertragliche Verpflichtung[31] der Bank gegenüber dem Kunden ist es jedoch nicht von proprietärem Charakter.

3.5 Urheberrecht

Elektronische Daten können urheberrechtlichen Schutz genießen.[32] Es existiert kein *numerus clausus* schutzfähiger Werke, der sich allein auf analoge respektive körperliche Werke beschränken würde. Voraussetzung ist eine geistige Schöpfung, welche sich in einem Werk manifestiert hat. Die Schöpfung muss dabei von hinreichender Gestaltungshöhe sein.[33] Der Urheberrechtsschutz erfordert zudem eine wahrnehmbare Formgestaltung. Nicht schutzfähig sind bloße Ideen. Das Werk muss aber nicht zwingend über eine haptische Körperlichkeit verfügen. Im Gegenteil, das Urheberrecht als solches ist ein immaterielles, unkörperliches Gut.[34] Seine Verkörperung kann sodann in analoger wie digitaler Form erfolgen.

Ein Beispiel für ein digitales, urheberrechtlich schutzfähiges Werk ist das in § 2 Abs. 1 Nr. 1 UrhG genannte Computerprogramm. Näheres zu den Schutzvoraussetzungen regeln die §§ 69a ff. UrhG. Doch wird hier nicht das einzelne Datum an sich geschützt, sondern die Ausdrucksform, also der Quellcode oder Objektcode des Programms.[35] Auch reine Datensammlungen fallen nicht unter den Begriff des Computerprogramms.[36] In Betracht kommt hier jedoch der *sui generis* Datenbankschutz nach §§ 87a ff. UrhG oder der Schutz als Datenbankwerk gemäß § 4 Abs. 2 UrhG. Kundendatenbanken können dabei durchaus nach § 87a UrhG Schutz genießen.[37] Rechteinhaber ist dabei gemäß § 87a Abs. 2 UrhG der Datenbankhersteller, also derjenige, der in die Beschaffung, Ordnung und Darstellung

31 Vgl. *Seiler*, DSRITB 2016, 591, 592; *Zahrte*, NJW 2018, 337, 338.

32 Vgl. zu elektronisch geschaffenen Darstellungen beispielsweise *Schulze*, in: Dreier/Schulze, UrhG, 6. Auflage 2018, § 2 Rn. 234.

33 Vgl. hierzu *Bullinger*, in: Wandtke/Bullinger, Praxiskommentar zum Urheberrecht, 4. Auflage 2014, § 2 Rn. 23 f.

34 *Peukert*, in: Rehbinder/Peukert, Urheberrecht, 18. Auflage 2018, I. Rn. 28.

35 OLG Frankfurt GRUR 2015, 784 – *Objektcode*.

36 *Dreier*, in: Dreier/Schulze, aaO., § 69a Rn. 12.

37 KG MMR 2001, 171, 172 – *Vervielfältigung von Daten*.

des Datenbankinhalts investiert hat. Die proprietäre Zuordnung erfolgt hier somit über das wesentliche Investment.[38]

4 Gesetzliche Regulierung

Den Blick allein auf die proprietäre Zuordnung von Daten zu richten, würde allerdings ersichtlich zu kurz greifen. Denn die Verarbeitung von Daten erfährt auch jenseits dieser Zuordnung in mannigfaltiger Weise eine gesetzliche Regulierung. Selbige ist zumeist sektorspezifischer Natur. Die gesetzgeberische Intention ist dementsprechend auch jeweils mit dem konkreten Regelungsziel verknüpft. Nicht selten muss man sich dabei die Frage stellen, ob die jeweils federführenden Ministerien und Generaldirektionen im Verlauf des Gesetzgebungsprozesses das „große Ganze" hinreichend im Blick hatten. In jedem Fall greifen die bereichsspezifischen Regularien nicht immer optimal ineinander.

Dies gilt in besonderem Maße für Normen, welche die Regelung des Umgangs mit personenbezogenen Daten zum Gegenstand haben. Deren Schutz ergibt sich per se schon nicht alleine aus der am 25. Mai 2018 in Kraft getretenen DSGVO. Besagte Verordnung enthält sogenannte Öffnungsklauseln, welche es den nationalen Gesetzgebern ermöglichen, auf Ebene des jeweiligen Mitgliedstaats Normen zum Schutz personenbezogener Daten zu erlassen. Dies ist in Deutschland mit dem Bundesdatenschutzgesetz („**BDSG n.F.**") in neuer Fassung geschehen.[39] Daneben enthält aber auch eine Vielzahl anderer Gesetze Regelungen zum Datenschutz. Dies hat in jüngster Zeit vermehrt die Frage aufkommen lassen, ob und wenn ja in welcher Weise diese Regelungen unionsrechtskonform auszulegen und anzuwenden sind.

4.1 Beispiele sektorspezifischer Regulierung

Exemplarisch sei auf einige Bestimmungen hingewiesen, die in ihrer Gesamtschau den derzeitigen respektive künftigen gesetzlichen Rahmen für den Umgang mit digitalen Daten bilden (werden). Neben der DSGVO ist hier vor allem die momentan noch im Gesetzgebungsprozess befindliche e-Privacy Verordnung[40] zu

38 *Dreier*, in: Dreier/Schulze, aaO., § 87a Rn. 12

39 Vgl. Gesetz zur Anpassung des Datenschutzrechts an die Verordnung (EU) 2016/679 und zur Umsetzung der Richtlinie (EU) 2016/680 (Datenschutz-Anpassungs- und -Umsetzungsgesetz EU – DSAnpUG-EU), BGB. I 2017, S. 2097 ff.

40 COM(2017) 10 final, veröffentlicht am 10. Januar 2017.

nennen. Sie hat die Achtung des Privatlebens und den Schutz personenbezogener Daten in der elektronischen Kommunikation zum Gegenstand und geht damit über personenbezogene Daten hinaus. Die Verordnung versteht sich mithin als sektorspezifische Ergänzung zur DSGVO. Ein Schwerpunkt der Regulierung ist das sogenannte Web Tracking über Cookies und andere Mechanismen.[41]

Im deutschen Recht sind allem voran das Telemediengesetz und das Telekommunikationsgesetz zu nennen. In den §§ 11 bis 15a TMG finden sich ebenso dezidierte Vorgaben für den Umgang mit personenbezogenen Daten wie in den §§ 91 bis 107 TKG. Dabei wird im Allgemeinen zwischen Nutzungs- und Bestandsdaten sowie zwischen Verkehrs- und Standortdaten differenziert. Weitere Regelungen speziell zur werblichen Ansprache unter Verwendung von Telefon, Fax, E-Mail oder anderen Kommunikationsmitteln enthält § 7 UWG. Die Verwendung von Fotos ist dagegen vorrangig in den §§ 22 bis 24 des Kunsturhebergesetzes (KUG) normiert. Allen Bestimmungen ist dabei gemein, dass sie jeweils konkrete Anforderungen an die Einwilligung des Rechteinhabers stellen. Diese weichen untereinander ab und spiegeln so auch nicht die Anforderungen wider, welche Art. 7 DSGVO an die Wirksamkeit einer Einwilligung in die Verarbeitung personenbezogener Daten stellt. Schon vor Inkrafttreten der DSGVO bestand daher ein gewisses Spannungsverhältnis[42] zwischen der äußerungsrechtlichen und der datenschutzrechtlichen Einwilligung, welches letztlich über die Subsidiaritätsklausel des § 1 Abs. 3 BDSG a. F. aufgelöst wurde. Eine solche Klausel enthält die DSGVO hingegen nicht, was zu einem Streit geführt hat, welche Regelungen Vorrang genießen sollen.[43] Das Oberlandesgericht Köln hat einem Beschluss von Ende Juni 2018 – zumindest im journalistischen Bereich – § 23 Abs. 2 KUG weiterhin zur Anwendung gebracht.[44]

4.2 Finanzsektor-spezifische Regulierung

Im Finanzsektor hat insbesondere Art. 94 PSD2 – umgesetzt in § 59 des seit dem 13. Januar 2018 verbindlich anzuwendenden Zahlungsdiensteaufsichtsgesetzes (ZAG) – für Diskussion gesorgt. Der mit dem Titel „*Datenschutz*" überschriebene Artikel stellt zunächst einmal klar, dass die Verarbeitung personenbezogener Daten nach Maßgabe der Datenschutzrichtlinie 95/46/EG zu erfolgen

---

41 Vgl. hierzu *Gola/Klug*, NJW 2018, 674, 675; *Schleipfer*, ZD 2017, 460, 463.

42 Lesenswert hierzu *Lauber-Rönsberg/Hartlaub*, NJW 2017, 1057.

43 Vgl. zum Streitstand *Remmertz*, MMR 2018, 507, 508; *Specht*, MMR 2017, 577 f.; *Golz/Gössling*, IPRB 2018, 68 ff.

44 OLG Köln ZD 2018, 434.

hat. Dieser Verweis ist gemäß Art. 94 Abs. 2 DSGVO als Bezugnahme auf die einschlägigen Bestimmungen der neuen DSGVO zu lesen.[45]

Mit Blick speziell auf die Anforderungen, welche an die Erteilung einer rechtswirksamen Einwilligung des betroffenen Zahlungsdienstenutzers zu richten sind, weicht Art. 94 Abs. 2 PSD2 jedoch von den allgemeinen Voraussetzungen der Art. 6 und 7 DSGVO ab. Denn es wird eine „*ausdrückliche Zustimmung*" des Nutzers gefordert.[46] Dieses **Ausdrücklichkeitserfordernis** findet sich im allgemeinen Datenschutzrecht so nicht. Nach Art. 4 Nr. 8 DSGVO genügt jede „*unmissverständlich abgegebene Willensbekundung*" der betroffenen Person.[47] Dies schließt auch konkludentes Handeln ein.[48] Art. 94 Abs. 2 PSD2 geht hier also über die rein datenschutzrechtlichen Anforderungen hinaus. Dies hat im Schrifttum eine Reihe von Fragen zum Verhältnis von DSGVO und PSD2 aufgeworfen.[49]

Eine (mögliche) Regelungsdiskrepanz zeigt sich auch im Hinblick auf zwei weitere Normen der PSD2, namentlich die Art. 66 und 67 PSD2. Diese verpflichten den Zahlungsdiensteanbieter, anderen Anbietern unter bestimmten Voraussetzungen diskriminierungsfrei den Zugang zu Zahlungskontoinformationen zu gewähren – dies jedenfalls bei online geführten Konten. Zugangsberechtigt sind Zahlungsauslösedienstleister und Kontoinformationsdienstleister im Sinne des Art. 4 Nr. 15 und 16 PSD2. Umgesetzt finden sich die unionsrechtlichen Vorgaben in den §§ 48 und 50 ZAG, welche zum 14. September 2019 gemeinsam mit der Delegierten Verordnung (EU) 2018/389 der Kommission betreffend die technischen Regulierungsstandards („**RTS**") für eine starke Kundenauthentifizierung in Kraft treten werden.[50]

Die genannten Normen sehen eine **ausdrückliche Zweckbindung** vor, das heißt die Empfänger der Daten dürfen diese nach dem Willen des Gesetzgebers „*nicht für andere Zwecke*" als für das Erbringen des vom Zahler ausdrücklich geforderten Zahlungsauslöse- respektive Kontoinformationsdienstes verwenden oder speichern. Gleiches gilt für den Datenzugriff als solches. Die Art. 66 und 67 lassen sich damit als sektorspezifische, zweckgebundene Erlaubnistatbestände zur Verarbeitung und Übertragung personenbezogene Daten verstehen.

Das Prinzip der Zweckgebundenheit ist dem allgemeinen Datenschutzrecht keineswegs fremd. So heißt es bereits im Erwägungsgrund 39 der DSGVO aus-

---

45 So auch *Seiler*, DSRITB 2016, 591, 595.
46 So auch umgesetzt in § 59 Abs. 2 ZAG.
47 Vgl. auch Erwägungsgrund 32 der DSGVO.
48 *Schulz*, in: Gola, DSGVO, 2. Auflage 2018, § 7 Rn. 42.
49 Vgl. etwa *Indenhuck/Stein*, BKR 2018, 136; *Seiler*, DSRITB 2016, 591, 595; *Spindler/Zahrte*, BKR 2014, 265; *Weichert*, BB 2018, 1161
50 Vgl. die diesbezüglichen Übergangsfristen in § 68 ZAG, BGBl. I 2017, S. 2479.

drücklich, dass die Verarbeitung personenbezogener Daten „*angemessen und erheblich sowie auf das für die Zwecke ihrer Verarbeitung notwendige Maß beschränkt sein*" soll. Ergänzung findet diese Vorgabe im Erwägungsgrund 50, in dem formuliert ist, dass die Datenverarbeitung für andere Zwecke als die, für welche die personenbezogenen Daten ursprünglich erhoben wurden, „*nur zulässig sein [sollte], wenn die Verarbeitung mit den Zwecken, für die die personenbezogenen Daten ursprünglich erhoben wurden, vereinbar ist.*" Der eigentliche Zweckbindungsgrundsatz ist in Art. 5 Abs. 1 lit. b) DSGVO normiert. Danach dürfen personenbezogene Daten allein für „*festgelegte, eindeutige und legitime Zwecke*" erhoben und nicht in einer mit diesen Zwecken nicht zu vereinbarenden Weise weiterverarbeitet werden.

Allerdings kennt die DSGVO weder einen *numerus clausus* legitimer Zwecke noch stehen die verschiedenen Erlaubnistatbestände des Art. 6 DSGVO in einem Ausschlussverhältnis zueinander. In Art 6 Abs. 1 DSGVO heißt es hierzu, dass die Verarbeitung personenbezogener Daten nur dann rechtmäßig ist, wenn „*mindestens eine der nachstehenden Bedingungen erfüllt ist*". Mit anderen Worten, die einzelnen Tatbestände der lit. a) bis lit. f) schließen sich weder gegenseitig aus, noch sperren sie sich wechselseitig. Dem Betroffenen sind lediglich nach Art. 13 Abs. 1 DSGVO sämtliche Verarbeitungszwecke und diesbezügliche Rechtfertigungsgrundlagen im Sinne einer Informationspflicht zu benennen. Dies ist gerade dann zu beachten, wenn mehrere Erlaubnistatbestände zur Auswahl stehen.

Gleichwohl oder gerade deshalb ist im Zuge des Inkrafttretens der DSGVO die Diskussion entbrannt, ob die Art. 66 und 67 PSD2 möglicherweise eine **Sperrwirkung** entfalten, die es dem Empfänger der Daten verwehrt, sich ergänzend auf die allgemeinen Bestimmungen des Datenschutzrechts zu berufen. Die Befürworter einer solchen Sperrwirkung argumentieren dabei ganz maßgeblich damit, dass nach dem erklärten Willen des Gesetzgebers eine Verwendung der nach Maßgabe der Art. 66 und 67 PSD2 zur Verfügung gestellten Daten allein für Zahlungsauslösedienste und Kontoinformationsdienste statthaft sein soll.

5 Spannungsfelder und Lösungsansätze

Die vorstehenden Ausführungen zeigen, dass die Zuordnung von und der Zugriff auf digitaler Daten und insbesondere solcher Informationen, die einen Personenbezug aufweisen, keineswegs einheitlich oder gar nahtlos reguliert sind. Es handelt sich um den sprichwörtlichen „Flickenteppich" sich überlappender Regelwerke, deren Verhältnis zueinander mitunter unklar ist.

Dabei drängt sich nicht immer auf, welche Norm im Einzelfall als *lex generalis* und welche das *lex specialis* zu gelten hat. Selbst wenn dies gelingt, muss der Anwendungsvorrang der spezielleren Norm nicht gleichsam das allgemeinere Recht vollends in seiner Anwendung sperren. Solange der **Regelungszweck** der spezielleren Norm gewahrt ist, können die allgemeinen Bestimmungen sehr wohl zur Anwendung gelangen. Dies vorausgeschickt, sollen im Folgenden die oben skizzierten Spannungsfelder im Verhältnis von DSGVO und PSD2 näher beleuchtet und Lösungsansätze vorgestellt werden.

5.1 Ausdrücklichkeitserfordernis

Im Kontext von DSGVO und PSD2 und damit der Frage, wer wie über personenbezogene Daten im Zusammenhang mit der Erbringung von Zahlungsdiensten verfügen darf, fällt zunächst der bereits erwähnte Art. 94 Abs. 2 PSD2 ins Auge. Die Norm spiegelt zunächst die grundlegende Prämisse wider, dass der Betroffene, also das Datensubjekt, entscheiden soll, was mit seinen Daten geschieht. Doch stellt Art. 94 Abs. 2 PSD2 die Einwilligung unter einen **Ausdrücklichkeitsvorbehalt.** Der europäische wie auch – in Umsetzung der europarechtlichen Vorgaben – der deutsche Gesetzgeber haben also für den Finanzsektor einen restriktiveren Weg gewählt und fordern eine *„ausdrückliche Einwilligung"*. Die bloße konkludente Einwilligung ist nicht statthaft. Es stellt sich mithin die Frage, warum dies so ist.

5.1.1 Kein Redaktionsversehen

Dass es sich hierbei um ein Redaktionsversehen handelt, kann ausgeschlossen werden. Die Regulierung wurde vielmehr bewusst so ausgestaltet, wie wir sie nun in Art. 94 Abs. 2 PSD2 und § 59 Abs. 2 ZAG sehen. Dies zeigt schon ein Blick in die amtliche Gesetzesbegründung.[51]

Selbiges gilt auch in Ansehung der Vermutung von *Weichert*, die Wechselwirkungen und Überschneidungen zwischen Finanzaufsichtsrecht und Datenschutz seien in mancher Hinsicht weitergehend, als *„sich wohl Gesetzgeber, Aufsichtsbehörden und regulierte Institute bewusst (gewesen) sein dürften"*.[52] Dies mag für wahr so sein und die sektorspezifische Regulierung hätte ohne Frage besser

51 Vgl. BT-Drs. 1811495, S. 143.
52 *Weichert*, BB 2018, 1161.

in den allgemeinen Rahmen datenschutzrechtlicher Normen eingefügt werden können. Doch wird man dem Gesetzgeber attestieren müssen, dass er im Bereich der Regulierung des Zahlungsverkehrs ganz bewusst auf die Ausdrücklichkeit der Erklärung einer Einwilligung in die Verarbeitung personenbezogener Daten setzt.[53]

Letztlich ist es auch keine neue Erkenntnis, dass in bestimmten Bereichen höhere Anforderungen an die Form der Abgabe respektive Dokumentation einer Willenserklärung gestellt werden als in anderen. Die Formvorschriften des Zivilrechts in §§ 126 ff. BGB bilden hier das Paradebeispiel. Art. 94 Abs. 2 PSD2 lässt sich mithin aus systematischer Warte als eine sektorspezifisch enger gefasste Formvorschrift begreifen.

5.1.2 Kein Ausschluss sonstiger Rechtfertigungsgründe

Entgegen einer teilweise vertretenen Auffassung[54] kann Art. 94 Abs. 2 PSD2 nicht dahingehend verstanden werden, dass die Norm die Nutzung von personenbezogenen Daten zu Zwecken, die nicht der Erbringung des Zahlungsdienstes dienen, generell ausschließt.[55] Vielmehr lässt Art. 94 Abs. 2 PSD2 die Rechtfertigung von Datenverarbeitungsvorgängen zu anderen Zwecken nach Maßgabe der allgemeinen Erlaubnistatbestände der DSGVO zu. Der Norm ist keine generelle Sperrwirkung zu entnehmen. Wie bereits ausgeführt, handelt es sich rechtssystematisch um eine **Formvorschrift**, welche für einen definierten Bereich – namentlich die Erbringung von Zahlungsdiensten – Wirkung entfaltet.

Soweit daher bei der Erbringung von Zahlungsdiensten die Verarbeitung personenbezogener Daten auf den Rechtfertigungstatbestand der Einwilligung des Betroffenen gestützt wird, bedarf es der ausdrücklichen Erteilung selbiger durch den Betroffenen. [56] Wie *Indenhuck/Stein*[57] zu Recht ausführen, wird man Art. 94 Abs. 2 PSD2 jedoch zumindest dahingehend (einschränkend) auslegen müssen, dass auch im Hinblick auf Zahlungsdienste **anderweitige Erlaubnistatbestände** – etwa die Erfüllung gesetzlich vorgegebener Verpflichtungen[58] – nicht „gesperrt" sind. Der Zahlungsdiensteanbieter kann sich auf solche beru-

---

53 In diesem Sinne wohl auch zu verstehen *Indenhuck/Stein*, BKR 2018, 136; *Seiler*, DSRITB 2016, 591, 595.

54 *Kahlert*, DSRITB 2016, 579, 588; *Terlau*, ZBB 2016, 122, 130.

55 So auch *Indenhuck/Stein*, BKR 2018, 136, 138.

56 *Seiler*, DSRITB 2016, 591, 596.

57 Hierzu ausführlich *Indenhuck/Stein*, BKR 2018, 136, 138 ff.

58 Vgl. auch; *Seiler*, DSRITB 2016, 591, 596 f.

fen, wenn deren jeweilige Voraussetzungen gegeben sind. Ein denkbarer Anwendungsfall ist hier die Datenverarbeitung in Verdachtsfällen der Terrorismusfinanzierung zum Zwecke der Erfüllung der Meldepflicht nach § 11 GwG.

5.1.3 Reichweite der Einwilligung

In der Praxis stellt sich zudem die Frage, welche Vorgänge eine einmal eingeholte ausdrückliche Einwilligung des Kunden umfasst. Wie bereits nach bisherigem Recht muss die Einwilligung nicht für jeden einzelnen Zahlungsvorgang eingeholt werden.[59] In Erwägungsgrund 32 der DSGVO wird ausdrücklich festgeschrieben, dass sich selbige auf alle zu **demselben Zweck** vorgenommenen Verarbeitungsvorgänge bezieht.

Dies muss auch für die Regelung in Art. 94 Abs. 2 PSD2 gelten. Eine andere gesetzgeberische Intension ist nicht erkennbar. Im Gegenteil, die amtliche Gesetzesbegründung spiegelt unmissverständlich wider, dass der Zahlungsdienstnutzer gerade nicht bei jedem Zahlungsauftrag, den er gemäß § 675f Abs. 3 S. 2 BGB erteilt, neuerlich in die diesbezügliche Datenverarbeitung einwilligen muss.[60] Auch rein pragmatisch ist das hier vertretene Verständnis alternativlos.

5.2 Keine Sperrwirkung

Die Gemüter erhitzt hat des Weiteren die Formulierung der bereits erwähnten Art. 66 und 67 PSD2. Kontoführende Zahlungsdienstleister müssen Zahlungsauslösedienstleistern und Kontoinformationsdienstleistern künftig, das heißt ab dem 14. September 2019, unter bestimmten Voraussetzungen diskriminierungsfrei personenbezogene Daten ihrer Kunden zur Verfügung stellen. Der Gesetzgeber greift also auch hier in die althergebrachte Zuordnung von Daten ein. Wie unter Ziffer 2. ausgeführt, handelt es sich bei Kundendaten um ein wertvolles Wirtschaftsgut. Nicht ohne Grund werden selbige im Regelfall vor dem Zugriff von dritter Seite geschützt. Dies verlangt schon das geltende Gesetzesrecht. Nun soll das kontoführende Institut die „eigenen" Daten anderen Zahlungsdiensteanbietern zur Verfügung stellen. Dies verlangt nach einer näheren Betrachtung.

---

59 *Seiler*, DSRITB 2016, 591, 598f.

60 Vgl. BT-Drs. 1811495, S. 143.

5.2.1 Kooperationszwang

Zunächst ist zu konstatieren, dass die PSD2 einen Kooperationszwang zwischen an sich konkurrierenden Zahlungsdienstleistern begründet.[61] Das kontoführende Institut darf die Kooperation und damit den Zugriff auf die in Rede stehenden Kontodaten insbesondere nicht per se aus Sicherheitserwägungen verweigern.[62] Allein in den engen Grenzen des § 52 Abs. 1 ZAG ist eine Zugangsverweigerung ausnahmsweise angezeigt, wenn objektive und gebührend nachgewiesene Gründe im Zusammenhang mit einem nicht autorisierten oder betrügerischen Zugang zum Zahlungskonto es rechtfertigen.[63]

Dem Grunde nach aber müssen die beteiligten Zahlungsdienstleister nach § 50 Abs. 1 Nr. 1 ZAG die Voraussetzungen für eine sichere Kommunikation – also eine „Softwarebrücke“[64] – schaffen. Es gelten gemäß Art. 98 PSD2 die von der Europäischen Bankenaufsicht („**EBA**“) erarbeiteten RTS.[65] Mit anderen Worten, es müssen bankseitig sichere Schnittstellen zur Verfügung gestellt werden. Dies bedeutet einen nicht unerheblichen Arbeits- und Zeitaufwand, um am Ende den neuen gesetzlichen Bestimmungen Genüge zu tun.[66]

Die Regelungen der Art. 66 und 67 PSD2 sind dabei Ausfluss des eingangs bereits erwähnten *Open Access Prinzips*, welches eine – klar definierte und damit begrenzte – Abkehr von der bisherigen Praxis der strikten Geheimhaltung von Kontodaten darstellt.[67] Die grundlegende Voraussetzung für eine jede Bereitstellung solcher Daten ist die **ausdrückliche Zustimmung** des Zahlungsdienstnutzers. Hier greifen die Bestimmungen zur Datenbereitstellung und die Formvorschrift des Art. 94 Abs. 2 PSD2 gezielt ineinander. Es ist also nicht der zugreifende Zahlungsdiensteanbieter, der über das Ob und Wann des Zugriffs entscheidet, es ist der Kontoinhaber. Insoweit steht der Kooperationszwang der Art. 66 und 67 PSD2 im Einklang mit dem in Art. 6 DSGVO niedergelegten Grundsatz, dass der jeweils Betroffene als „*Herr seiner Daten*“[68] selbst über die Verarbeitung seiner personenbezogenen Daten entscheiden können soll.

---

61 *Zahrte*, NJW 2018, 337, 338.

62 *Omlor*, ZIP 2016, 558, 562.

63 Vgl. *Conreder/Schneider/Hausemann*, DStR 2018, 1722, 1725.

64 *Conreder/Schild*, BB 2016, 1162, 1165.

65 Siehe hierzu auch die jüngste Stellungnahme der EBA vom 13. Juni 2018 („*Opinion of the European Banking Authority on the implementation of the RTS on SCA and CSC*“) betreffend die Anforderungen an Interfaces und APIs.

66 Vgl. Hierzu bereits *Spindler/Zahrte*, BKR 2014, 265, 269.

67 *Zahrte*, NJW 2018, 337, 338; *Böger*, Bankrechtstag 2016, 193, 272.

68 *Buchner/Petri*, in: Kühling/Buchner, aaO., Art. 6 Rn. 10.

5.2.2 Umfang der Zugriffsgewährung

Das kontoführende Institut ist nicht unbegrenzt zur Gewährung des Datenzugriffs verpflichtet. Auch ist Zahlungsauslösediensten und Kontoinformationsdiensten nicht zwingend in gleichem Maße Zugang zu den Kontodaten zu gewähren.

Ersteren sind nach § 48 Abs. 1 Nr. 2 ZAG alle Informationen über die **Auslösung** des Zahlungsvorgangs und alle dem kontoführenden Zahlungsdienstleister zugänglichen Informationen hinsichtlich der **Ausführung** des Zahlungsvorgangs mitzuteilen. In der Praxis dürfte sich der Datenfluss damit auf die Benutzerkennung, das Passwort und die Information, ob das Konto über eine hinreichende Deckung für den Zahlungsvorgang verfügt, beschränken. Dies leitet sich aus Art. 36 Abs. 1 lit. b) und c) der Delegierten Verordnung (EU) 2018/389 der Europäischen Kommission ab. Dort heißt es zunächst, dass der kontoführende Zahlungsdienstleister den Zahlungsauslösedienstleistern „*sofort nach Eingang des Zahlungsauftrags dieselben Informationen über die Auslösung und die Ausführung des Zahlungsvorgangs bereit*[stellt], *die auch dem Zahlungsdienstnutzer bereitgestellt oder zugänglich gemacht werden, wenn dieser den Zahlungsvorgang direkt auslöst*". Zudem ist auf Verlangen eine **sofortige Bestätigung** zu übermitteln, ob der für die Ausführung eines Zahlungsvorgangs erforderliche Betrag auf dem Zahlungskonto des Zahlers verfügbar ist. Insgesamt ist das Datenpaket, welches der Zahlungsauslösedienst beanspruchen kann, mithin vergleichsweise „überschaubar".

Anders sieht es dagegen bei Kontoinformationsdiensten und deren Zugangsrecht aus. § 52 Abs. 1 ZAG spricht hier schlicht vom **Zugang zum Zahlungskonto.** Was sich konkret hinter dieser Formulierung verbirgt, erschließt sich wiederum bei einem Blick in Art. 36 Abs. 1 lit. a) der Delegierten Verordnung (EU) 2018/389 der Europäischen Kommission. Danach stellt der kontoführenden Zahlungsdienstleister den Kontoinformationsdienstleistern „*dieselben Informationen von bezeichneten Zahlungskonten und damit in Zusammenhang stehenden Zahlungsvorgängen bereit, die auch dem Zahlungsdienstnutzer bereitgestellt werden, wenn er den Zugang zu Kontoinformationen direkt anfordert, sofern diese Informationen keine sensiblen Zahlungsdaten enthalten*". Dies ist – zumindest potentiell – ein weitaus umfangreicheres Datenpaket. Denn dem kontoführenden Institut kann sicherlich im Regelfall unterstellt werden, dass dem Kunden ein möglichst **umfassendes Bild** seines Kontos geboten werden soll. Dies erwartet der internetaffine Kunde schlichtweg. Insbesondere eine Historie der Kontobewegungen gehört daher heutzutage ganz selbstverständlich zum Online-Banking.[69] Dementsprechend muss auch der Kontoinformationsdienstleister denselben Zugang zu den dem Kunden gebotenen Kontoinformationen gewährt werden. Allerdings wird man diesen Zugang gemäß der vom Kunden individuell für sein Konto getroffenen Voreinstellungen begrenzen müssen. Dies gebietet das nachstehend unter Ziffer 5.3 noch näher beleuchtete Diskriminierungsverbot.

Damit lässt sich festhalten, dass die Daten, zu denen der Kontoinformationsdienstleister Zugang erhält, weitaus **werthaltiger** – weil umfangreicher und detaillierter – sind, als diejenigen, die dem Kontoauslösedienstleister zur Verfügung zu stellen sind.

5.2.3 Zweckbindung

Die Zustimmung des Nutzers definiert Art, Umfang und Zweckbestimmung der legitimer Weise zur Verfügung zu stellenden Daten.[70] Die Art. 66 und 67 PSD2 betonen dabei den **Grundsatz der Zweckbindung** nochmals explizit. Art. 66 Abs. 3 PSD2 enthält einen Katalog spezifischer Ge- und Verboten, die sich an den Zahlungsauslösedienstleister richten. Gleiches gilt für den Kontoinformationsdiensteanbieter (Art. 67 Abs. 2 PSD2). In beiden Katalogen ist hervorgehoben, dass die erhaltenen Daten *„nicht für andere Zwecke“* als das Erbringen des vom Nutzer ausdrücklich geforderten Dienstes verwendet werden.

5.2.4 Keine Sperrwirkung

Angesichts des klaren Wortlauts der Art. 66 Abs. 3 lit. g) und 67 Abs. 2 lit. f) PSD2 stellt sich die Frage, wie sich diese Normen zu dem Nebeneinander der Erlaubnistatbestände des Art. 6 DSGVO verhalten.[71] Hierbei handelt es sich um eine sehr praxisrelevante Fragestellung, denn nicht selten bieten Anbieter von Zahlungsauslösediensten und Kontoinformationsdiensten weitergehende Dienstleistungen an, zu deren Erfüllung sie die vom kontoführenden Institut erhaltenen Kontodaten benötigen.

Wie bereits mehrfach angeklungen, haben die in Rede stehenden Daten einen erheblichen wirtschaftlichen Wert. Wer selbige verwenden kann, um Zusatzdienstleistungen anzubieten, hat mithin einen erkennbaren Vorteil. Naturgemäß

---

69 Diese findet beispielsweise Erwähnung in Art. 10 Abs. 1 lit. b) der Delegierten Verordnung (EU) 2018/389 der Europäischen Kommission.

70 Siehe §§ 48 Abs. 1, 51 Abs. 1 ZAG.

71 Siehe oben unter Ziffer 4.2.

kann auch der kontoführende Zahlungsdienstleister seinen Kunden aufgrund der ihm vorliegenden Kundendaten originär und ohne Datentransfer nach Art. 66 oder 67 PSD2 – in den Grenzen des § 7 UWG – solche Zusatzleistungen anbieten. Die Verwendung der im Zuge der Art. 66 und/oder 67 PSD2 erhaltenen Daten durch Zahlungsauslösediensten und Kontoinformationsdiensten zur Erbringung von Zusatzleistungen wird jedoch bisweilen unter Verweis auf eine mögliche „Sperrwirkung" selbiger Normen als problematisch erachtet. Es ist daher im Rahmen der Auslegung der genannten Bestimmungen zu ermitteln, inwieweit von einer solchen Sperrwirkung ausgegangen werden kann.

Das Sekundärrecht der Europäischen Union ist nach ständiger Rechtsprechung des EuGH autonom auszulegen.[72] Nationale Umsetzungsakte unterliegen wiederum der richtlinienkonformen Auslegung, was naturgemäß auch für das ZAG gilt.[73] Der EuGH folgt dabei grundsätzlich dem bekannten vierstufigen Aufbau der Gesetzesauslegung, billigt der **Wortlausauslegung** aber regelmäßig nur ein eher geringeres Gewicht zu.[74] Die Auslegung der Art. 66 und 67 PSD2 darf daher nicht bei der Erkenntnis stehen bleiben, dass dort eine Datenverarbeitung zu anderen Zwecken als nicht statthaft bezeichnet wird.

Im Rahmen der **systematischen Auslegung** ist der Blick auf die vom Gesetzgeber gewählte Konstruktion der materiell-rechtlichen Regelung zu richten. Hervorzuheben ist hierbei, dass die Datenübermittlung und Datenverarbeitung im Rahmen der Art. 66 und 67 PSD2 ihre originäre Rechtfertigung in dem ausdrücklichen Verlangen des Kontoinhabers finden, dem jeweiligen Zahlungsdienstleister zweckgebunden Daten zur Verfügung zu stellen. Es handelt sich somit nicht um genuine gesetzliche Erlaubnistatbestände. Die in Rede stehenden Normen gestalten lediglich den Rahmen der Datenverarbeitung näher aus, den die *„ausdrücklichen Zustimmung des Zahlungsdienstnutzers"* schafft. Systematisch spricht daher vieles dafür, dass die Betonung der Zweckbindung **einwilligungsimmanent** im Sinne des Art. 6 Abs. 1 lit. a) DSGVO i.V.m. Art. 5 Abs. 1 lit. b) DSGVO zu verstehen ist und nicht im Hinblick auf einen möglichen Ausschluss anderweitiger Rechtfertigungstatbestände.

Dieses Verständnis findet auch im Rahmen einer **teleologischen Betrachtung** Rückhalt. Dieser kommt nach ständiger Rechtsprechung des EuGH zentrale Bedeutung zu.[75] Sinn und Zweck der in Rede stehenden Artikel ist es, den Rechtsrahmen für den Datenzugang zum Zwecke der Erbringung von Zah-

72 St. Rspr.; vgl. zuletzt EuGH, Urt. v. 6. März 2018 – C-284/16 (*Slowakische Republik/Achmea BV*) EuZW 2018, 239; grundlegend hierzu *Bleckmann* NJW 1982, 1177, 1178 ff.

73 *Casper/Terlau*, in: Casper/Terlau, ZAG, 1. Auflage 2014, Einl. Rn. 38 f.

74 St. Rspr.; vgl. EuGH, Urt. v. 16. Dezember 1960 – 6/60; EuGH, Urt. v. 9. März 1978 – 79/77.

75 *Casper/Terlau*, in: Casper/Terlau, aaO., Einl. Rn. 49.

lungsauslöse- oder Kontoinformationsdiensten zu setzen. Weitergehende Zusatzdienstleistungen sind nicht Regelungsgegenstand der PSD2, auch nicht im Sinne einer negativen, ausgrenzenden Normierung. Für die aktiv geregelten Dienste soll ein System der abgesicherten Kommunikation zwischen den Zahlungsdiensteanbietern geschaffen werden. Nicht ohne Grund werden die nationalen Bestimmungen, in Deutschland mithin die §§ 48 und 50 ZAG erst mit Inkrafttreten der RTS für eine starke Kundenauthentifizierung Wirksamkeit entfalten. Nicht intendiert ist dagegen eine Abkehr von den allgemeinen datenschutzrechtlichen Regelungen. Vielmehr sattelt die PSD2 ausweislich des Art. 94 Abs. 1 PSD2 auf den Bestimmungen der DSGVO auf.[76] Originär ist und bleibt die PSD2 damit eine bereichsspezifische Regulierung der Zahlungsverkehrsströme.

Unter Zugrundelegung von Sinn und Zweck der Art. 66 Abs. 3 lit. g) und 67 Abs. 2 lit. f) PSD2 wird man daher zu dem Schluss gelangen müssen, dass diesen beiden Bestimmungen **keine Sperrwirkung** für anderweitige Erlaubnistatbestände zur Verarbeitung personenbezogener Daten innewohnt. Sie dokumentieren lediglich den allgemeinen Grundsatz, dass eine Datenverarbeitung über den Rahmen der zweckgebundenen Einwilligung des Betroffenen unzulässig ist. Die Erteilung einer weiteren, mit einer anderen Zielrichtung ausgesprochenen Einwilligung, bleibt hiervon ebenso unberührt wie Möglichkeit der Berufung auf anderweitige Rechtfertigungsgründe der DSGVO. Es muss allerdings jeweils im Einzelfall geprüft werden, ob die jeweiligen Voraussetzungen vorliegen. Dies bedeutet für den empfangenden Zahlungsauslöse- oder Kontoinformationsdienstleister, dass er – sollte er dem Kunden zusätzliche Dienste anbieten wollen, die einen Zugriff auf die erhaltenen Kontodaten erfordern – für diese Dienstleistungen sicherstellen muss, dass er die benötigten Daten auch zu diesem Zweck jenseits der ursprünglichen Zustimmung des Kunden rechtmäßig verarbeiten darf. Mit anderen Worten, er benötigt entweder eine neuerliche Einwilligung im Sinne des Art. 6 Abs. 1 lit. a) DSGVO oder er muss sich auf ein separates Vertragsverhältnis mit dem Kunden stützen können, welches die entsprechende Datenverarbeitung nach Art. 6 Abs. 1 lit. b) DSGVO erlaubt.

5.3 Diskriminierungsfreiheit

Nimmt man das Ergebnis der bisherigen Prüfung, so ist festzuhalten, dass die Art. 66 und 67 PSD2 die Zahlungsauslöse- oder Kontoinformationsdienstleister in eine vergleichsweise kommode Lage versetzt. Ihnen wird der Zugang zu äußerst

---

76 Dies über die Transmissionsnorm des Art. 94 DSGVO.

werthaltigen Daten gewährt, welche sie – im Einklang mit den Bestimmungen des Datenschutzrechts – zu Erbringung ihrer Dienstleistungen nutzen können. Die kontoführenden Institute dagegen sind gehalten, bislang stets vertraulich behandelte Kundendaten in dem unter Ziffer 5.2 (b) beschriebenen Umfang zur Verfügung zu stellen. Zudem müssen sie die technischen Voraussetzungen für eine sichere Kommunikation schaffen – dies noch dazu ohne die Möglichkeit, entstehende Mehraufwände in Rechnung zu stellen. Dieses Ergebnis verlangt nach einer abschließenden Überprüfung.

5.3.1 Unentgeltlichkeit der Bereitstellung

Nach Art. 66 Abs. 4 lit. c) PSD2 sind Zahlungsaufträge, die über die Dienste eines Zahlungsauslösedienstleisters übermittelt werden, insbesondere in Bezug auf zeitliche Abwicklung, Prioritäten oder Entgelte, in derselben Weise zu behandeln wie Zahlungsaufträge, die der Zahler direkt übermittelt hat, es sei denn, es liegen objektive Gründe für eine Andersbehandlung vor.[77] Inhaltlich dasselbe drückt Art. 67 Abs. 3 lit. b) PSD2 aus. Dort heißt es, dass Datenanfragen, die über die Dienste eines Kontoinformationsdienstleisters übermittelt werden, **ohne Diskriminierung** zu behandeln sind, es sei denn, es liegen objektive Gründe für eine Andersbehandlung vor.[78] Die Wertung des Gesetzgebers ist mithin eindeutig.

Der finanzielle Aufwand, der dem kontoführenden Zahlungsdienstleister im Zuge der Umsetzung der Anforderungen der PSD2 entsteht, kann nicht auf diejenigen abgewälzt werden, die von den neuen Regeln nachhaltig profitieren. Unmittelbare Anfragen des Kunden und mittelbare Anfragen des von diesem eingeschalteten Zahlungsauslöse- oder Kontoinformationsdienstleisters müssen gleich behandelt werden.[79] Muss der Kunde keine Gebühr entrichten, so muss dies auch dessen vermittelnder Dienstleister nicht. Auch müssen die Anfragen zeitlich mit derselben Geschwindigkeit bearbeitet werden. So will es der europäische, so will es der deutsche Gesetzgeber. Dem hat sich das kontoführende Institut zu beugen.

77 Vgl. in der Umsetzung dieser Norm § 48 Abs. 1 Nr. 3 ZAG.

78 Vgl. in der Umsetzung dieser Norm § 50 Abs. 1 Nr. 2 ZAG.

79 *Conreder/Schild*, BB 2016, 1162, 1165; *Weichert*, BB 2018, 1161, 1163.

5.3.2 Kein Eingriff in proprietäre Positionen

Auch oder gerade in Ansehung des klaren gesetzgeberischen Ansatzes stellt sich die Frage, inwieweit die Vorgaben der Art. 66 und 67 PSD2 in proprietäre Positionen der kontoführenden Institute eingreift und diesen daher eine gegenläufige Argumentation etwa über Art. 12 und 14 GG ermöglichen könnte. Angesichts des Ergebnisses der oben unter Ziffer 3. geführten Diskussion wird man aber hier zu dem Schluss kommen können, dass ein solcher Eingriff nicht gegeben ist.

Digitale Informationen und damit auch Kundendaten stellen **kein Eigentum** des kontoführenden Zahlungsdienstleisters dar. Es besteht kein dem § 903 BGB entsprechendes oder zumindest nahe kommendes Ausschließlichkeitsrecht.[80] Auch eine Geheimhaltung unter Verweis auf den Schutz von Geschäfts- und Betriebsgeheimnissen scheidet dann aus, wenn der Kunde, um dessen Daten es geht, den anfragenden Zahlungsauslöse- oder Kontoinformationsdienstleister ausdrücklich autorisiert hat. Selbiges gilt auch für das Bankgeheimnis. Dieses hebelt die besagte Autorisierung durch den Kunden ebenso aus wie die Argumentation, eine Herausgabe der Daten verstoße gegen die Bestimmungen des Datenschutzes. Soweit die erteilte Einwilligung hinreichend informiert und in der von Art. 94 Abs. 2 PSD2 geforderten Ausdrücklichkeit erteilt wurde, hat der kontoführende Zahlungsdienstleister keine Handhabe.[81]

Damit wird man konstatieren können und müssen, dass die Neuerungen der PSD2 **keinen Eingriff** in proprietäre Positionen der kontoführenden Zahlungsdienstleister darstellen. Wie so manche Gesetzesnovelle bringt auch die PSD2 Kosteneffekte mit sich, die es von den jeweiligen Marktteilnehmern zu schultern gilt. Auch profitieren von Gesetzesänderungen immer bestimmte Anbieter mehr als andere. Dies gilt es hinzunehmen, denn es obliegt der Legislative, Rahmenbedingungen zu setzen und diese gegebenenfalls auch zu verändern.

6 Fazit

Digitale Informationen sind ein äußerst werthaltiges Gut. Ihre proprietäre Zuordnung steckt allerdings derzeit noch in den sprichwörtlichen Kinderschuhen. Derzeit herrscht ein Flickenteppich spezifischer Zuordnungen, welche sich zum Teil überlappen und daher nach klarer Abgrenzung im Einzelfall verlangen. Gefühlt besteht oftmals eine stärkere proprietäre Bindung als dies im Gesetz ver-

80 *Thalhofer*, GRUR-Prax 2017, 225, 226; *Boehm*, ZEuP 2016, 358, 381.

81 Vorausgesetzt, es liegt kein Ausnahmefall des § 52 Abs. 1 ZAG vor.

ankert ist. Die verbreitete Wahrnehmung, es handele sich doch um die „eigenen Kundendaten", die man Dank der PSD2 nun an die Konkurrenz – und das auch noch unentgeltlich – herausgeben müsse, ist ebenso nachvollziehbar wie rechtlich zu kurz gedacht. Kundendaten sind personenbezogene Daten. Die engste Bindung zu den Daten hat damit das betroffene Individuum. Dies gilt es zu respektieren. Zwar kann es Sinn machen, an die Verfügung über solche Daten besondere Formerfordernisse zu knüpfen. Am Ende des Tages muss aber das Datensubjekt darüber entscheiden, was mit den – dann wirklich „eigenen" Daten zu geschehen hat. Diesem Grundsatz trägt auch die PSD2 Rechnung. Zumindest insoweit besteht kein Anlass zur Kritik.

2. Abteilung

Christian Grüneberg

Vorfälligkeitsentschädigung

1 Einleitung

Das Thema „Vorfälligkeitsentschädigung" hat zahlreiche Facetten. Dabei hat man zum Ersten danach zu unterscheiden, ob es sich bei dem Darlehensnehmer um einen Verbraucher i.S.d. § 13 BGB oder um einen Unternehmer i. S. d. § 14 BGB handelt, ob also ein Verbraucherdarlehensvertrag oder ein Nichtverbraucherdarlehensvertrag vorliegt. Jedenfalls bei Verbraucherdarlehensverträgen muss dann nochmals zwischen Allgemein-Verbraucherdarlehensverträgen und Immobiliar-Verbraucherdarlehensverträgen differenziert werden. Zum Zweiten muss dann zwischen den einzelnen Fallgestaltungen, in denen eine Vorfälligkeitsentschädigung anfallen kann, unterschieden werden. Dies sind zum einen die Fälle der Kündigung des Darlehensvertrags durch den Darlehensgeber entweder wegen Vermögensverschlechterung nach § 490 Abs. 1 BGB oder wegen Zahlungsverzugs oder einer sonstigen schuldhaften Pflichtverletzung des Darlehensnehmers. Zum anderen ist die Fallgestaltung der Kündigung durch den Darlehensnehmer zwecks vorzeitiger Darlehensrückführung bei einem Festzinsdarlehen zu betrachten. Aufgrund der Vielfältigkeit der Szenarien ist die „Vorfälligkeitsentschädigung" im

Dr. Christian Grüneberg, Richter am Bundesgerichtshof, Karlsruhe

https://doi.org/10.1515/9783110641103-004

Schrifttum auch als „zivilrechtliches Chamäleon“ bezeichnet worden, also als Geschöpf, das öfter seine Farben wechselt.[1] Ich würde die Vorfälligkeitsentschädigung eher mit dem Stammbaum einer alten Familie vergleichen, der zahlreiche Verästelungen aufweist.

2 Rechtsprechung des BGH

Beginnen möchte ich mit einem kurzen Rückblick auf die Rechtsprechung des BGH, weil man sonst die heutige Diskussion in Deutschland um Grund und Höhe der Vorfälligkeitsentschädigung jedenfalls zum Teil nicht nachvollziehen könnte. Bis zum Jahr 1987 waren die Fragen, die wir heute diskutieren, allerdings kein großes Thema. Das lag an der bis dahin geltenden Vorschrift des § 247 BGB. Nach dessen Absatz 1 konnte jeder Schuldner, also auch ein Darlehensnehmer, das Vertragsverhältnis unter Einhaltung einer Kündigungsfrist von sechs Monaten kündigen, wenn ein höherer Zinssatz als 6% p.a. vereinbart war. Aufgrund der Entwicklungen des Zinsniveaus seit Inkrafttreten des Bürgerlichen Gesetzbuchs im Jahr 1900 war dieses Kündigungsrecht, das an sich ein Ausnahmerechtsbehelf sein sollte, zu einem weitgehend voraussetzungslosen Kündigungsrecht geworden.[2] Mit der Aufhebung dieser Vorschrift am 1. Januar 1987[3] war damit der Weg für die Geltendmachung einer Vorfälligkeitsentschädigung frei. Interessanterweise ist die Aufhebung des § 247 BGB damals u.a. damit begründet worden, dass die mit einer Kündigung einhergehende einseitige Verlagerung des Zinsänderungsrisikos auf den Darlehensgeber gesamtwirtschaftlich nachteilig sei, weil professionellen Kreditgebern eine laufzeit- und zinskongruente Refinanzierung erschwert werde und zudem das Risiko bestehe, dass vermehrt Kredite nur mit kurzen Zinsbindungsfristen oder Kredite mit langfristiger Zinsbindung nur gegen Kostenaufschläge herausgegeben würden.[4] Bereits damals wurde also die sog. langjährige Festzinsbindung in den Vordergrund gerückt – ein Umstand, auf den

---

1 *Ganter*, WM 2016, 1813.

2 Vgl. Referentenentwurf eines Gesetzes zur Änderung des Bürgerlichen Gesetzbuchs (§ 247 BGB), ZIP 1985, 1291, 1292; Gesetzentwurf der Fraktionen der CDU/CSU und FDP, BT-Drucks. 10/4741, S. 1 und S. 20; siehe ferner BGH, Urt. v. 21.2.2017 – XI ZR 185/16, BGHZ 214, 94 Rn. 49 mwN = WM 2017, 616 = NJW 2017, 1378.

3 Art. 5 Nr. 1 des Gesetzes zur Änderung wirtschafts-, verbraucher-, arbeits- und sozialrechtlicher Vorschriften vom 25.7.1986, BGBl. I S. 1169.

4 Vgl. Referentenentwurf eines Gesetzes zur Änderung des Bürgerlichen Gesetzbuchs (§ 247 BGB), ZIP 1985, 1291, 1292; Gesetzentwurf der Fraktionen der CDU/CSU und FDP, BT-Drucks. 10/4741, S. 20.

sich auch in der aktuellen Diskussion um die Vorfälligkeitsentschädigung vor allem die Bankenseite immer wieder stützt, und zwar unter dem Schlagwort der sog. deutschen Festzinskultur.

In der Folgezeit hat die „Vorfälligkeitsentschädigung" den BGH in einer Art „Wellenbewegung" beschäftigt. Die erste wichtige Entscheidung stammt aus dem Jahr 1991, danach finden sich zentrale Entscheidungen in dem Zeitraum von 1997 bis 2004, bevor dann – nach einer langen Phase der Stille, manche Bank wird es vielleicht im Nachhinein als Ruhe vor dem Sturm empfunden haben – der BGH mit einer Entscheidung vom 19. Januar 2016[5] zum Ausschluss der Vorfälligkeitsentschädigung bei Verbraucherdarlehensverträgen im Falle der Kündigung wegen Zahlungsverzugs des Darlehensnehmers für Furore gesorgt hat. Diese dritte Phase hält noch an, wenngleich die jüngste Entscheidung zu diesem Thema vom 20. Februar 2018[6] für nicht mehr viel Wind gesorgt hat.

Die erste Entscheidung des XI. Zivilsenats zu unserem heutigen Thema, nämlich das Urteil vom 12. März 1991, betrifft bemerkenswerterweise gar nicht die Vorfälligkeitsentschädigung im eigentlichen Sinne. Vielmehr ging es in dieser Entscheidung um Schadensersatz einer Hypothekenbank infolge der Abnahmeverweigerung des von ihr gewährten Darlehens durch den Darlehensnehmer. [7] Es ging also um die sog. Nichtabnahmeentschädigung, d. h. um echten Schadensersatz. Nach geltendem Recht ist die Anspruchsgrundlage § 280 Abs. 1 und 3, § 281 BGB. Aufgrund der pflichtwidrigen Verweigerung der Abnahme des vereinbarten Darlehens stand der Hypothekenbank gegen den Darlehensnehmer Schadensersatz zu. Gestritten wurde vor allem um dessen Höhe. Dabei konnte die Bank – so die Entscheidung des BGH – als Schadensersatz den branchenüblichen Durchschnittsnettogewinn verlangen (also den Zinsmargenschaden), allerdings nur für den Zeitraum, für den sie nach den Darlehensbedingungen eine rechtlich geschützte Zinserwartung hatte. Hatte sich die Bank nach der Darlehenszusage bereits refinanziert, durfte sie zur Begründung eines höheren Schadens von der Differenz zwischen dem vereinbarten Vertragszins und dem von ihr nach der endgültigen Abnahmeverweigerung erzielten Wiederanlagezins ausgehen (sog. Zinsverschlechterungsschaden).

Diese Entscheidung, obwohl an sich zur Nichtabnahmeentschädigung ergangen, ist deshalb auch für die Vorfälligkeitsentschädigung so wichtig, weil der BGH aus den damaligen Grundsätzen die Vorfälligkeitsentschädigung entwickelt hat. Für den BGH besteht daher – zumindest was die Berechnung der

---

5 BGH, Urt. v. 19. 1. 2016 – XI ZR 103/15, BGHZ 208, 278 = WM 2016, 687 = NJW 2016, 1379.

6 BGH, Urt. v. 20. 2. 2018 – XI ZR 445/17, WM 2018, 782 = NJW 2018, 1812.

7 BGH, Urt. v. 12. 3. 1991 – XI ZR 190/90, NJW 1991, 1817 = WM 1991, 760.

Höhe angeht – im Ergebnis kein Unterschied zwischen dem Schadensersatz und der Vorfälligkeitsentschädigung. Der Grund dafür liegt darin, dass das deutsche Schadensrecht grundsätzlich nur auf Kompensation ausgerichtet ist und keinen Strafschadensersatz zubilligt.

Daraus erwuchsen dann sechs Jahre später zwei Urteile vom 1. Juli 1997.[8] In diesen Entscheidungen hat der BGH die Frage entschieden, ob und unter welchen Voraussetzungen sich ein Darlehensnehmer vorzeitig von einem Festzinskredit mit vertraglich vereinbarter Laufzeit lösen kann. Diese Frage war bis dahin höchst umstritten und etwa auch Thema des vorangegangenen Bankrechtstags 1996 in Hamburg.[9] Der BGH hat den Streit entschieden und einen solchen vertraglichen Anspruch gegen den Darlehensgeber auf Darlehensablösung bejaht, wenn dies berechtigte Interessen des Darlehensnehmers gebieten und er als „Gegenleistung" eine angemessene Vorfälligkeitsentschädigung zahlt.[10] Ein solches berechtigtes Interesse ist insbesondere bei einem Bedürfnis des Darlehensnehmers nach einer anderweitigen Verwertung des beliehenen Objekts wie etwa durch eine beabsichtigte lastenfreie Grundstücksveräußerung aus welchem Grund auch immer zu bejahen, wobei der Senat insoweit ausdrücklich als Beispiele Ehescheidung, Krankheit, Arbeitslosigkeit, Überschuldung, Umzug oder auch nur eine günstige Verkaufsgelegenheit nennt.[11] Einen Anspruch auf eine vorzeitige Ablösung des Darlehens hat der Senat dagegen in einer späteren Entscheidung für die bloße Möglichkeit einer vorzeitigen Darlehenstilgung oder einer günstigen Umschuldung verneint.[12] Diese Rechtsprechung hat der Gesetzgeber im Jahr 2001 im Rahmen des Schuldrechtsmodernisierungsgesetzes in dem noch heute – bis auf kleinere redaktionelle Änderungen – unverändert geltenden § 490 BGB gesetzlich normiert.[13]

Außer Nichtabnahmeentschädigung und Vorfälligkeitsentschädigung wegen der vorzeitigen Rückzahlung des Darlehens hat sich der BGH schließlich noch mit der dritten Fallgestaltung beschäftigt, in der eine Vorfälligkeitsentschädigung von Banken geltend gemacht wird. Dies ist der Fall der Darlehenskündigung

8 BGH, Urt. v. 1.7.1997 – XI ZR 267/96, BGHZ 136, 161, 164 ff. = NJW 1997, 2875 = WM 1997, 1747; Urt. v. 1.7.1997 – XI ZR 197/96, NJW 1997, 2878 = WM 1997, 1799.

9 Siehe dazu den Tagungsband Hadding/ Hopt/Schimansky (Hrsg.), Bankrechtstag 1996, Vorzeitige Beendigung von Finanzierungen, und den Tagungsbericht von *Wenzel*, WM 1996, 1605 ff.

10 BGH, Urt. v. 1.7.1997 – XI ZR 267/96, BGHZ 136, 161, 166.

11 BGH, Urt. v. 1.7.1997 – XI ZR 267/96, BGHZ 136, 161, 167.

12 BGH, Urt. v. 6.5.2003 – XI ZR 226/02, WM 2003, 1261, 1262.

13 Gesetz zur Modernisierung des Schuldrechts vom 26.11.2001, BGBl. I S. 3138; § 490 Abs. 1 und Abs. 2 Satz 1 BGB geändert durch Gesetz zur Umsetzung der Verbraucherkreditrichtlinie, des zivilrechtlichen Teils der Zahlungsdiensterichtlinie sowie zur Neuordnung der Vorschriften über das Widerrufs- und Rückgaberecht vom 29.7.2009, BGBl. I S. 2355.

durch die Bank wegen Zahlungsverzugs des Darlehensnehmers. Hier haben die beiden Entscheidungen des Senats vom 19. Januar 2016 und vom 20. Februar 2018 ihren Standort. Der Senat unterscheidet dabei zwischen Verbraucher- und Nichtverbraucherdarlehen. Bei Verbraucherdarlehen schließt § 497 Abs. 1 BGB die Geltendmachung einer als Ersatz des Erfüllungsinteresses verlangten Vorfälligkeitsentschädigung aus. [14] Anders ist dies bei Nichtverbraucherdarlehen. Hierfür hat der Senat mit Urteil vom 20. Februar 2018[15] klargestellt, dass im Falle einer außerordentlichen Kündigung des Darlehens wegen Zahlungsverzugs oder eines anderen vom Darlehensnehmer zu vertretenden Umstands der Bank eine Vorfälligkeitsentschädigung als echten Schadensersatz zusteht.

Das ist quasi der „historische" Rahmen der Rechtsprechung. Wie ist diese nun für die geltende Rechtslage – insbesondere im Licht der Verbraucherkreditrichtlinie[16] und der Wohnimmobilienkreditrichtlinie[17] – zu bewerten und anzuwenden? Besteht vielleicht sogar ein gesetzgeberischer Reformbedarf? Mit diesen Fragen hat sich auch eine im September 2016 von dem Bundesministerium der Justiz und für Verbraucherschutz und dem Bundesministerium der Finanzen eingesetzte Arbeitsgruppe befasst. In dem Koalitionsvertrag von CDU, CSU und SPD[18] hat das Thema in dem Unterkapital „Verbraucherschutz" mit folgendem Satz Eingang gefunden:

> „Vorfälligkeitsentschädigungen bei Immobilienkrediten müssen angemessen, nachvollziehbar und objektiv überprüfbar sein."

Diesen trefflichen Satz könnte – so denke ich – jeder von Ihnen hier und heute unterschreiben. Allein: der Teufel liegt im Detail. Beginnen möchte ich mit den Nichtverbraucherdarlehen oder gewerblichen Krediten.

---

14 BGH, Urt. v. 19.1.2016 – XI ZR 103/15, BGHZ 208, 278 = WM 2016, 687 = NJW 2016, 1379.

15 BGH, Urt. v. 20.2.2018 – XI ZR 445/17, WM 2018, 782 = NJW 2018, 1812.

16 Richtlinie 2008/48/EG des Europäischen Parlaments und des Rates vom 23.4.2008 über Verbraucherkreditverträge und zur Aufhebung der Richtlinie 87/102/EWG des Rates, ABl. EU L 133 vom 22.5.2008, S. 66.

17 Richtlinie 2014/17/EU des Europäischen Parlaments und des Rates vom 4.2.2014 über Wohnimmobilienkreditverträge für Verbraucher und zur Änderung der Richtlinien 2008/48/EG und 2013/36/EU und der Verordnung (EU) Nr. 1093/2010, ABl. EU L 60, S. 34.

18 Koalitionsvertrag zwischen CDU, CSU und SPD vom 14.3.2018, abrufbar unter anderem unter www.bundesregierung.de, Tz. 6374 bis 6375.

3 Gewerbliche Kredite

Das Gelddarlehensrecht ist im Bürgerlichen Gesetzbuch in den §§ 488 bis 505e BGB geregelt, nach meiner Zählung sind das einschließlich der a, b und c-Paragraphen insgesamt 27 Vorschriften. Das Unternehmerdarlehen regeln davon allerdings nur die drei ersten drei Vorschriften, nämlich die §§ 488 bis 490 BGB, die als „Allgemeine Vorschriften" im Übrigen auch für das Verbraucherdarlehen gelten; die weiteren 24 Paragraphen sind dagegen nur auf Verbraucherdarlehen anwendbar. Zu unterscheiden sind danach drei Fallgestaltungen:

3.1 Kündigungsrecht des Darlehensgebers wegen Vermögensverschlechterung

Nach § 490 Abs. 1 BGB kann der Darlehensgeber nach Auszahlung des Darlehens in der Regel den Darlehensvertrag fristlos kündigen, wenn in den Vermögensverhältnissen des Darlehensnehmers oder in der Werthaltigkeit der gestellten Sicherheit eine wesentliche Verschlechterung eintritt oder einzutreten droht, durch die die Rückzahlung des Darlehens gefährdet wird. Die Vorschrift gewährt dem Darlehensgeber im Grundsatz nur ein Kündigungsrecht, so dass er die Rückzahlung der Darlehensvaluta vorzeitig fällig stellen kann. Die Norm bezweckt damit den Schutz des Darlehensgebers, ihm Vermögenseinbußen zu ersparen. Ob mit einer berechtigten Kündigung nach § 490 Abs. 1 BGB auch zwangsläufig ein Anspruch auf Zahlung einer Vorfälligkeitsentschädigung verbunden ist, wie dies teilweise im Schrifttum vertreten wird,[19] möchte ich mit einem Fragezeichen versehen. Als Anspruchsgrundlage dürfte nur § 280 Abs. 1 BGB in Betracht kommen, der indes eine schuldhafte Pflichtverletzung voraussetzt. Allein in der Verschlechterung der Vermögensverhältnisse ist eine solche Pflichtverletzung nicht zu sehen, weil der Darlehensnehmer den Erhalt seiner Bonität nicht schuldet.[20] Der BGH hat diese Frage in dem bereits erwähnten Urteil vom 20. Februar 2018 offengelassen, weil dort eine vorwerfbare Pflichtverletzung des Darlehensnehmers aus anderen Gründen zu bejahen war.[21]

---

19 PWW/*Nobbe*, BGB, 13. Aufl., § 490 Rn. 18; *Krepold/Kropf*, WM 2015, 1, 11 f.
20 BGH, Urt. v. 20. 2. 2018 – XI ZR 445/17, WM 2018, 782 Rn. 18 = NJW 2018, 1812.
21 BGH, Urt. v. 20. 2. 2018 – XI ZR 445/17, WM 2018, 782 Rn. 18 = NJW 2018, 1812.

3.2 Kündigungsrecht des Darlehensnehmers zwecks vorzeitiger Darlehensrückzahlung

Nach § 490 Abs. 2 BGB kann der Darlehensnehmer einen Darlehensvertrag, bei dem der Sollzinssatz gebunden und das Darlehen grundpfandrechtlich gesichert ist, unter Einhaltung einer Frist von drei Monaten vorzeitig kündigen, wenn seine berechtigten Interessen dies gebieten. Ein solches Interesse liegt nach § 490 Abs. 2 Satz 2 BGB vor, wenn der Darlehensnehmer ein Bedürfnis nach einer anderweitigen Verwertung der zur Sicherung des Darlehens beliehenen Sache hat.

Liegen die Voraussetzungen des § 490 Abs. 2 Satz 2 BGB vor, hat der Darlehensnehmer nach § 490 Abs. 2 Satz 3 BGB dem Darlehensgeber denjenigen Schaden zu ersetzen, der diesem aus der vorzeitigen Kündigung entsteht. Das ist die Legaldefinition der Vorfälligkeitsentschädigung.

Der Gesetzgeber des Schuldrechtsmodernisierungsgesetzes hat hier versucht, die Rechtsprechung des BGH aus den Jahren 1997 bis 2001 in Gesetzesform zu gießen. Da diese – wie bereits gesagt – vom BGH aus dem Urteil vom 12. März 1991 über die Nichtabnahmeentschädigung entwickelt worden ist, hat der Gesetzgeber bei der Legaldefinition der Vorfälligkeitsentschädigung den Begriff des Schadens verwendet. Dogmatisch lässt sich darüber trefflich streiten, ob es sich bei der Vorfälligkeitsentschädigung im Sinne des § 490 Abs. 2 BGB tatsächlich um einen Schadensersatzanspruch,[22] eine Aufopferungsentschädigung[23] oder um einen modifizierten Erfüllungsanspruch[24] handelt. Für die Berechnung der Höhe spielt diese Frage meines Erachtens keine Rolle. Richtigerweise handelt es sich – so auch die Rechtsprechung des BGH – um einen modifizierten Erfüllungsanspruch. Der BGH hat nämlich dem Darlehensnehmer einen vertraglichen Anspruch auf eine vorzeitige Ablösung des Darlehens zugebilligt; dogmatisch war dies weder eine Kündigung noch ein Anspruch auf eine Vertragsaufhebung, sondern ein Anspruch auf eine Modifikation des Vertragsinhalts ohne Reduzierung des Leistungsinhalts, nämlich bloß die Vorverlegung des Erfüllungszeitpunkts gegen Zahlung einer Vorfälligkeitsentschädigung.[25]

---

22 OLG Hamm WM 2005, 1265 f.; OLG Frankfurt/Main WM 2013, 1351, 1354; OLG Nürnberg WM 2015, 374 f.; Palandt/*Weidenkaff*, BGB, 78. Aufl. § 490 Rn. 8; PWW/*Nobbe*, BGB, 13. Aufl., § 490 Rn. 18; *Krepold* in: Bankrechts-Kommentar, 14. Kap. Rn. 139; *Knops* in: Derleder/Knops/Bamberger, § 14 Rn. 16 und 23.

23 MünchKommBGB/*Berger*, BGB, 7. Aufl., § 490 Rn. 34.

24 Staudinger/*Mülbert*, BGB, 2017, § 490 Rn. 86; Soergel/*Seifert*, BGB, 13. Aufl., § 490 Rn. 31; *Grunsky*/*Kupka* in: Festschrift Medicus, 2009, S. 166 ff.

25 BGH, Urt. v. 1.7.1997 – XI ZR 267/96, BGHZ 136, 161, 166.

In welcher Weise ist nun diese Vorfälligkeitsentschädigung zu berechnen? Zu unterscheiden sind hierbei der Berechnungszeitraum, die Berechnungsmethode und der Berechnungszeitpunkt.

3.2.1 Berechnungszeitraum

Bei der Berechnung der Vorfälligkeitsentschädigung ist nur der Zeitraum der rechtlich geschützten Zinserwartung des Darlehensgebers anzusetzen. Dies hat der BGH bereits in einem Urteil aus dem Jahr 1991 ausgesprochen[26] und mit Urteil vom 19. Januar 2016 im Zusammenhang mit der Inhaltskontrolle einer dieser Maßgabe widersprechenden Vertragsklausel bestätigt.[27] Letztlich folgt diese Begrenzung zwingend aus dem allgemeinen Schadensrecht und gilt deshalb nach der Rechtsprechung des BGH auch für die den Grundsätzen des Schadensrechts folgende Vorfälligkeitsentschädigung.

Dies bedeutet, dass der Zeitraum für die Berechnung der Vorfälligkeitsentschädigung mit einem vertraglich eingeräumten Kündigungsrecht des Darlehensnehmers endet und insoweit auch (noch) bestehende Sondertilgungsrechte des Darlehensnehmers zu berücksichtigen sind.[28]

3.2.2 Berechnungsmethode

3.2.2.1 Ausgangspunkt

Bei der Berechnung der Vorfälligkeitsentschädigung ist von der Überlegung auszugehen, dass die kreditgebende Bank bei vorzeitiger Darlehensrückzahlung grundsätzlich den Ausgleich sowohl eines Zinsmargenschadens als auch eines etwaigen Zinsverschlechterungsschadens verlangen kann. Maßgeblicher Zeitpunkt, auf den für die Berechnung abzustellen ist, ist nach der Rechtsprechung des BGH der vereinbarte Zeitpunkt der Zahlung der Vorfälligkeitsentschädigung.[29]

---

26 BGH, Urt. v. 12.3.1991 – XI ZR 190/90, NJW 1991, 1817 = WM 1991, 760 (Nichtabnahmeentschädigung) und Urt. v. 7.11.2000 – XI ZR 27/00, BGHZ 146, 5, 12 = NJW 2001, 509 = WM 2001, 20.

27 BGH, Urt. v. 19.1.2016 – XI ZR 388/14, BGHZ 208, 290 Rn. 25 f. = NJW 2016, 1382 = WM 2016, 457.

28 BGH, Urt. v. 28.4.1988 – III ZR 57/87, BGHZ 104, 337, 343 = NJW 1988, 1967 = WM 1988, 929; Urt. v. 30.11.1989 – III ZR 197/88, WM 1990, 174 f. = NJW-RR 1990, 432; Urt. v. 8.11.2011 – XI ZR 341/10, WM 2012, 28 Rn. 12 f. = NJW 2012, 445.

29 BGH, Urt. v. 1.7.1997 – XI ZR 267/96, BGHZ 136, 161, 171, Urt. v. 7.11.2000 – XI ZR 27/00, BGHZ 146, 5, 10 f.; Urt. v. 20.12.2005 – XI ZR 66/05, WM 2006, 429, 432.

Der Zinsmargenschaden entspricht dem entgangenen Nettogewinn aus dem vorzeitig abgelösten Darlehen. Ein über den Zinsmargenschaden hinausgehender Zinsverschlechterungsschaden entsteht, wenn die Bank das vorzeitig zurückerhaltene Darlehenskapital für die Restlaufzeit des abgelösten Darlehens nur zu einem niedrigeren als dem Vertragszins wieder ausleihen kann. Dieser Schaden ist auf der Grundlage der Differenz zwischen dem Vertragszins und dem Wiederausleihezins des Aktivgeschäfts zu berechnen und sodann abzuzinsen.[30] Das entspricht der sog. Aktiv-Aktiv-Methode.

3.2.2.2 Aktiv-Passiv-Methode

Nach der Rechtsprechung des BGH kann eine Bank den Schaden, der ihr durch die Nichtabnahme oder durch die vorzeitige Ablösung eines Darlehens entsteht, sowohl nach der Aktiv-Aktiv-Methode als auch nach der Aktiv-Passiv-Methode berechnen.[31] Banküblich ist inzwischen ganz überwiegend die Aktiv-Passiv-Methode. Bei ihr wird davon ausgegangen, dass der Darlehensgeber die vorzeitig zurückerhaltene Darlehensvaluta in sicheren Kapitalmarkttiteln wieder anlegt. Der finanzielle Nachteil des Darlehensgebers stellt sich somit als Differenz zwischen den Zinsen, die der Darlehensnehmer im rechtlich geschützten Zeitraum tatsächlich gezahlt hätte, und der Rendite dar, die sich aus einer laufzeitkongruenten Wiederanlage der freigewordenen Beträge in sicheren Kapitalmarkttiteln ergibt. Dabei ist also im Hinblick auf die künftig fälligen Zins- und Tilgungsleistungen der gesamte Zahlungsstrom (der Cash-Flow) in den Blick zu nehmen. Diese Berechnungsweise berücksichtigt damit auch die Annuität. Der Differenzbetrag ist um ersparte Risiko- und Verwaltungskosten zu vermindern und auf den vereinbarten Zeitpunkt der Zahlung der Vorfälligkeitsentschädigung abzuzinsen.[32]

Der nach der Aktiv-Passiv-Methode ermittelte Schaden umfasst damit in einer Position – und das ist der Clou dieser Methode und zugleich der Unterschied zur Aktiv-Aktiv-Methode – sowohl den Zinsmargenschaden als auch den Zinsverschlechterungsschaden.[33]

Die anhand des Nominalzinses zu berechnende Wiederanlagerendite ergibt sich aus den einschlägigen Kapitalmarktstatistiken der Bundesbank. Andere In-

---

30 BGH, Urt. v. 1.7.1997 – XI ZR 267/96, BGHZ 136, 161, 169 f. = NJW 1997, 2875 = WM 1997, 1747.
31 BGH, Urt. v. 7.11.2000 – XI ZR 27/00, BGHZ 146, 5, 10 = NJW 2001, 509 = WM 2001, 20; Urt. v. 30.11.2004 – XI ZR 285/03, BGHZ 161, 196, 201 = NJW 2005, 751 = WM 2005, 322.
32 BGH, Urt. v. 1.7.1997 – XI ZR 267/96, BGHZ 136, 161, 171 = NJW 1997, 2875 = WM 1997, 1747.
33 BGH, Urt. v. 7.11.2000 – XI ZR 27/00, BGHZ 146, 5, 10 f. = NJW 2001, 509 = WM 2001, 20; Urt. v. 12.3.1991 – XI ZR 190/90, NJW 1991, 1817 = WM 1991, 760.

dices hat der BGH in einer Entscheidung aus dem Jahr 2004[34] verworfen. Auf Einzelheiten möchte ich hier nicht eingehen. Interessant ist insoweit nur, dass der BGH den sog. PEX-Index, d. h. den Pfandbriefindex des Verbands deutscher Hypothekenbanken und des Bundesverbandes öffentlicher Banken Deutschlands, verworfen hat.[35] Den von den Hypothekenbanken mitgeteilten Renditen lagen zu einem erheblichen Teil keine realen Umsätze zugrunde, sondern bloße Angebote, zu denen Hypothekenbanken Pfandbriefe verkaufen wollten. Dies erinnert fatal an die Manipulierbarkeit von LIBOR- und EURIBOR-Zinssätzen in jüngster Zeit und unterstreicht die Richtigkeit dieser Entscheidung.

3.2.2.3 Verwaltungsaufwand

Neben dem Zinsmargen- und Zinsverschlechterungsschaden kann die Bank auch den mit der vorzeitigen Ablösung des Darlehens verbundenen Verwaltungsaufwand ersetzt verlangen. Auch dieser kann in der Praxis nach § 287 ZPO geschätzt werden.

3.3 Kündigung des Darlehensgebers wegen Zahlungsverzugs des Darlehensnehmers

Schließlich bleiben nach § 490 Abs. 3 BGB die Vorschriften des § 313 BGB über den Wegfall der Geschäftsgrundlage und des § 314 BGB im Hinblick auf eine Kündigung aus wichtigem Grund unberührt. Aufgrund dessen kann der Darlehensgeber den Darlehensvertrag insbesondere im Falle des Zahlungsverzugs des Darlehensnehmers oder wegen einer sonstigen schuldhaften Pflichtverletzung fristlos kündigen, in der Regel natürlich erst nach einer Abmahnung.

In einem solchen Fall stehen der Bank beim gewerblichen Kredit zwei Arten der Schadensberechnung zur Verfügung. Nach der Rechtsprechung des Senats steht ihr wahlweise ein Anspruch auf Ersatz des Verzögerungsschadens nach § 280 Abs. 1 und 2, § 286 BGB oder ein Anspruch auf Schadensersatz statt der Leistung nach § 280 Abs. 1 und 3, § 281 BGB zu.[36]

Stellt der Darlehensgeber das Darlehen fällig und verlangt er die offene Darlehensvaluta in voller Höhe zurück (also auch wegen der künftigen Zahlungsverpflichtungen des Darlehensnehmers unabgezinst), kann er – neben et-

34 BGH, Urt. v. 30.11.2004 – XI ZR 285/03, BGHZ 161, 196, 202f. = NJW 2005, 751 = WM 2005, 322.
35 BGH, Urt. v. 30.11.2004 – XI ZR 285/03, BGHZ 161, 196, 202f. = NJW 2005, 751 = WM 2005, 322.
36 BGH, Urt. v. 20.2.2018 – XI ZR 445/17, WM 2018, 782 Rn. 34 mwN = NJW 2018, 1812.

waigen Zahlungsrückständen – nur diese fordern und darauf im Falle des Verzugs nach den allgemeinen Vorschriften Verzugszinsen verlangen. Daneben steht ihm auf die entgangenen Zinszahlungen kein Zinsverschlechterungs- oder Zinsmargenschaden zu.[37]

Stattdessen kann der Darlehensgeber auch Schadensersatz statt der Leistung verlangen. Dies bedeutet folgendes:

Fraglich ist zunächst, welcher Zeitpunkt für die Berechnung der Vorfälligkeitsentschädigung maßgeblich ist. Dies hat der Senat mit Urteil vom 20. Februar 2018 entschieden. Für den Fall der Nichtabnahme oder der vorzeitigen (einvernehmlichen) Ablösung eines Darlehens hatte der Senat bereits früher entschieden, dass der vereinbarte Zeitpunkt der Zahlung der Vorfälligkeitsentschädigung bzw. der Leistung der Nichtabnahmeentschädigung maßgeblich ist.[38] Dies gilt im Prinzip auch für den Fall der vorzeitigen außerordentlichen Kündigung eines Darlehensvertrages aufgrund Zahlungsverzugs des Darlehensnehmers. Denn nach den allgemeinen Grundsätzen des Schadensrechts ist maßgeblicher Zeitpunkt für die Bemessung der Schadenshöhe der Zeitpunkt, in dem dem Geschädigten das volle wirtschaftliche Äquivalent für das beschädigte Recht zufließt. Dadurch ist eine exakte Berechnung möglich, ohne dass es zu einer Über- oder Unterkompensation kommt.[39]

Nach der Rechtsprechung des BGH kann der Darlehensgeber stattdessen seinen Anspruch auf Vorfälligkeitsentschädigung auch zum Zeitpunkt des Wirksamwerdens der Kündigung berechnen. Insoweit hat der Darlehensgeber ein Wahlrecht. Dies ist Folge der durch § 281 Abs. 1 BGB ermöglichten Umwandlung des Leistungsanspruchs in einen Schadensersatzanspruch statt der Leistung. Im Falle der – wie hier – abstrakten Schadensberechnung ist dabei der maßgebliche Zeitpunkt der Tag der Entstehung des Schadensersatzanspruchs, d.h. der Ablauf der Nachfrist und der Übergang zum Schadensersatz statt der Leistung.[40]

Die bis zu diesem Zeitpunkt fälligen und rückständigen Zins- und Tilgungsraten kann die Bank in voller Höhe verlangen und darauf beschränkt – soweit die Voraussetzungen des Verzugs vorliegen – selbstverständlich auch ihren Verzugsschaden geltend machen. Daneben kann die Bank die Vorfälligkeitsentschädigung verlangen. Diese berechnet sich nach denselben Maßgaben wie ich sie im Rahmen des § 490 Abs. 2 BGB dargestellt habe. Mit der auf diese Weise

37 BGH, Urt. v. 20.2.2018 – XI ZR 445/17, WM 2018, 782 Rn. 35 = NJW 2018, 1812.

38 BGH, Urt. v. 1.7.1997 – XI ZR 267/96, BGHZ 136, 161, 171, Urt. v. 7.11.2000 – XI ZR 27/00, BGHZ 146, 5, 10 f. und Urt. v. 20.12.2005 – XI ZR 66/05, WM 2006, 429, 432.

39 BGH, Urt. v. 20.2.2018 – XI ZR 445/17, WM 2018, 782 Rn. 30 mwN = NJW 2018, 1812

40 BGH, Urt. v. 20.2.2018 – XI ZR 445/17, WM 2018, 782 Rn. 31 = NJW 2018, 1812

berechneten Vorfälligkeitsentschädigung kann der Darlehensnehmer – bei Vorliegen der allgemeinen Voraussetzungen – natürlich auch in Verzug geraten und auf diesen Betrag der Bank Verzugszinsen schulden.

4 Verbraucherdarlehen

Bei Verbraucherdarlehen würden an sich die bisherigen Ausführungen ebenso gelten, weil die Vorschrift des § 490 BGB ja eine allgemeine Vorschrift darstellt, die für jeden Darlehensvertrag gilt. Allerdings ist dies eben bei Verbraucherdarlehen nur der Fall, soweit sich nicht aus den speziellen Vorschriften über das Verbraucherdarlehen nach den §§ 491 bis 505e BGB etwas anderes ergibt. Dies gilt es nun näher zu untersuchen.

4.1 Kündigung des Darlehensgebers wegen Zahlungsverzugs des Darlehensnehmers

Ein wesentlicher Unterschied zur Rechtslage bei Nichtverbraucherdarlehensverträgen besteht bei der zuletzt betrachteten Fallkonstellation, nämlich der nach § 490 Abs. 3 BGB unberührt bleibenden Kündigung aus wichtigem Grund durch den Darlehensgeber wegen Zahlungsverzugs des Darlehensnehmers. Hierzu hat der BGH mit Urteil vom 19.1.2016[41] entschieden, dass § 497 Abs. 1 BGB (in der bis zum 10. Juni 2010 geltenden Fassung) eine spezielle Regelung zur Schadensberechnung bei notleidenden Verbraucherdarlehen enthält, die vom Darlehensgeber infolge Zahlungsverzugs des Darlehensnehmers vorzeitig gekündigt worden sind. Die Vorschrift schließt die Geltendmachung einer als Ersatz des Erfüllungsinteresses verlangten Vorfälligkeitsentschädigung aus. Die Frage war bis dahin in Instanzrechtsprechung und Schrifttum äußerst umstritten. Die Sperrwirkung des § 497 Abs. 1 BGB hat der XI. Zivilsenat mit der Gesetzgebungsgeschichte und dem Sinn und Zweck der Vorschrift wie auch der Vorgängerregelung des § 11 VerbrKrG begründet.[42]

---

41 BGH, Urt. v. 19.1.2016 – XI ZR 103/15, BGHZ 208, 278 = WM 2016, 687 = NJW 2016, 1379; bestätigt von BGH, Urt. v. 22.11.2016 – XI ZR 187/14, WM 2017, 97 = NJW-RR 2017, 424.

42 Im Einzelnen siehe BGH, Urt. v. 19.1.2016 – XI ZR 103/15, BGHZ 208, 278 Rn. 24 ff. mwN = WM 2016, 687 = NJW 2016, 1379.

Die Entscheidung hat im Schrifttum sowohl Zustimmung als auch Widerspruch erfahren.[43] Die Kritiker haben vor allem eingewandt, dass damit im Ergebnis der vertragsbrüchige gegenüber dem vertragstreuen Kreditnehmer besser gestellt werde, weil der vertragstreue Kreditnehmer im Falle einer vorzeitigen Vertragsauflösung nach § 490 Abs. 2, § 502 BGB eine Vorfälligkeitsentschädigung zu zahlen habe. Ob und wieweit dieses Argument im Hinblick auf die mit einer Kündigung wegen Zahlungsverzugs verbundenen Risiken und Nachteile – zu nennen sind nur die Gefahr einer sofortigen Zwangsvollstreckung oder die Schufa-Eintragung[44] – trägt, sei einmal dahingestellt. Ohne weiteres von der Hand zu weisen ist es allerdings auch nicht. Allerdings stand genau dieses Argument bereits dem Gesetzgeber vor Augen, ohne dass er Anlass für eine Gesetzesänderung gesehen hat. Ganz im Gegenteil hat er den Anwendungsbereich des § 497 Abs. 1 BGB sogar noch auf Immobiliardarlehensverträge ausgedehnt.[45] Damit ist im Hinblick auf die Gewaltenteilung für die Justiz eine Grenze der Auslegung erreicht. Die Bundesregierung sieht derzeit wohl keinen gesetzgeberischen Änderungsbedarf; jedenfalls findet sich hierfür im Koalitionsvertrag[46] kein Anhaltspunkt.

Das Urteil vom 19. Januar 2016 betrifft die Vorschrift des § 497 Abs. 1 BGB in der bis zum 10. Juni 2010 geltenden Fassung und bezieht sich auch auf Immobiliardarlehensverträge.[47] Im Schrifttum wird überwiegend angenommen, dass diese Rechtsprechung auch für die seit dem 11. Juni 2010 geltende Fassung des § 497 BGB fort gilt.[48] Dem möchte ich nicht widersprechen. Auch Art. 25 Abs. 3 der Wohnimmobilienkreditrichtlinie sieht für die Mitgliedstaaten lediglich die Möglichkeit vor, dem Kreditgeber für die vorzeitige Rückzahlung des Darlehens eine Entschädigung zuzubilligen, schreibt dies aber nicht zwingend vor.

---

43 Zustimmend etwa *Jungmann*, WuB 2016, 263; *Feldhusen*, JZ 2016, 580, 584; *Tiffe*, VuR 2016, 304; *Wedekind*, ZfIR 2016, 442; ablehnend z. B. *Bunte*, NJW 2016, 1626; *Haertlein/Hennig*, EWiR 2016, 391; *Keding*, BKR 2016, 244.

44 Vgl dazu auch eingehend *Wedekind*, ZfIR 2016, 442, 446 („keine realistischen Missbrauchsmöglichkeiten der BGH-Rechtsprechung“).

45 BGH, Urteil vom 19.1.2016 – XI ZR 103/15, BGHZ 208, 278 Rn. 30 mwN = WM 2016, 687 = NJW 2016, 1379.

46 Koalitionsvertrag zwischen CDU, CSU und SPD vom 14.3.2018, abrufbar unter anderem unter www.bundesregierung.de.

47 Vgl. BGH, Urt. v. 19.1.2016 – XI ZR 103/15, BGHZ 208, 278 Rn. 29 = WM 2016, 687 = NJW 2016, 1379 und Urt. v. 22.11.2016 – XI ZR 187/14, WM 2017, 97 Rn. 14 = NJW-RR 2017, 424.

48 *Binder*, in: Bankrechtstag 2016, S. 3, 41 f.; *Ganter*, WM 2016, 1813, 1815; *Wedekind*, ZfIR 2016, 442, 447.

4.2 Anspruch auf vorzeitige Darlehensrückzahlung

Am interessantesten ist nun die letzte Fallkonstellation, auf die ich zu sprechen kommen möchte, nämlich der Fall der vorzeitigen Kündigung des Darlehensvertrags durch den Verbraucher. Hier ist zwischen Allgemein-Verbraucherdarlehen und Immobiliar-Verbraucherdarlehen zu unterscheiden. Nach der Legaldefinition in § 491 Abs. 3 Satz 1 BGB sind Immobiliar-Verbraucherdarlehensverträge entgeltliche Darlehensverträge zwischen einem Unternehmer als Darlehensgeber und einem Verbraucher als Darlehensnehmer, die durch ein Grundpfandrecht oder eine Reallast besichert sind oder für den Erwerb oder die Erhaltung eines Eigentumsrechts an Grundstücken oder Gebäuden bestimmt sind. Häufig werden beide Voraussetzungen ja kumulativ vorliegen; zwingend ist dies aber nicht. Liegen diese Voraussetzungen nicht vor, handelt es sich bei einem entgeltlichen Verbraucherdarlehen stets um einen Allgemein-Verbraucherdarlehensvertrag.

Die einschlägigen speziellen Vorschriften im Verbraucherdarlehensrecht sind seit dem 21. März 2016 – also dem Datum der Umsetzung der Wohnimmobilienkreditrichtlinie in deutsches Recht – die §§ 500 und 502 BGB. Bis zum 21. März 2016 unterlagen Immobiliar-Verbraucherdarlehensverträge dagegen dem oben unter 3.2 dargestellten Vorfälligkeitsregime von Nichtverbraucherdarlehensverträgen.

4.2.1 Anspruchsvoraussetzungen

Nach § 500 Abs. 1 Satz 1 BGB kann der Darlehensnehmer einen Allgemein-Verbraucherdarlehensvertrag, bei dem eine Zeit für die Rückzahlung nicht bestimmt ist, ganz oder teilweise kündigen, ohne eine Frist einzuhalten. Die Zahlung einer Vorfälligkeitsentschädigung kommt dann natürlich nicht in Betracht.

Nach § 500 Abs. 2 Satz 1 BGB kann der Darlehensnehmer seine Verbindlichkeiten aus einem Verbraucherdarlehensvertrag jederzeit ganz oder teilweise vorzeitig erfüllen. Eine – wichtige – Ausnahme davon macht allerdings § 500 Abs. 2 Satz 2 BGB. Danach kann der Darlehensnehmer eines Immobiliar-Darlehensvertrags, für den ein gebundener Sollzinssatz vereinbart wurde (also ein sog. Festzinsdarlehen), seine Verbindlichkeit nur dann ganz oder teilweise vorzeitig erfüllen, wenn hierfür ein berechtigtes Interesse des Darlehensnehmers besteht. Damit hat Deutschland von der Option in Art. 25 Abs. 5 der Wohnimmobilienkreditrichtlinie Gebrauch gemacht. Die Vorschrift modifiziert also die allgemeine Vorschrift des § 490 Abs. 2 Sätze 1 und 2 BGB. Die Frage nach einer zu zahlenden Vorfälligkeitsentschädigung wird in § 500 BGB nicht angesprochen, sondern erst in § 502 BGB geregelt. Darauf komme ich gleich zurück.

Beim Vergleich der Voraussetzungen für ein Recht des Darlehensnehmers zur vorzeitigen Ablösung eines Immobiliar-Verbraucherdarlehens fällt auf, dass § 500 Abs. 2 Satz 2 BGB eine etwas andere Formulierung verwendet als § 490 Abs. 2 Satz 2 BGB. Während nach § 500 Abs. 2 Satz 2 BGB hierfür nur ein berechtigtes Interesse des Darlehensnehmers „bestehen" muss, setzt § 490 Abs. 2 Satz 1 BGB voraus, dass seine berechtigten Interessen dies „gebieten" müssen. Die Formulierung in § 490 Abs. 2 Satz 1 BGB scheint strenger zu sein. Die Gesetzesbegründung lässt einen insoweit im Stich. An einer Stelle heißt es darin, dass sich eine „geringfügige Änderung" daraus ergebe, dass die Voraussetzungen des neuen § 500 Abs. 2 Satz 2 BGB von § 490 Abs. 2 BGB abweichen.[49] An anderer Stelle heißt es dagegen, dass für beide Vorschriften „nunmehr ... nahezu dieselben Voraussetzungen" gelten würden.[50]

Aus meiner Sicht ist dieser Streit etwas müßig. Der Gesetzgeber hat zwar bei der Implementierung der BGH-Rechtsprechung in den § 490 Abs. 2 BGB das Verb „gebieten" übernommen, dass sich auch in den einschlägigen Urteilen des BGH aus den Jahren 1997 findet.[51] Als Beispiele für ein berechtigtes Interesse an einer anderweitigen Verwertung des beliehenen Objekts wie insbesondere durch eine beabsichtigte lastenfreie Grundstücksveräußerung hat der BGH indes als Gründe dafür Ehescheidung, Krankheit, Arbeitslosigkeit, Überschuldung, Umzug oder auch nur eine günstige Verkaufsgelegenheit genannt.[52] Dies deckt sich zweifelsfrei mit den in Erwägungsgrund 66 der Wohnimmobilienkreditrichtlinie genannten Beispielen der Scheidung oder der Arbeitslosigkeit, so dass in solchen Fällen nicht nur die Voraussetzungen des § 500 Abs. 2 BGB, sondern auch diejenigen des § 490 Abs. 2 BGB zu bejahen sind. Richtigerweise bestehen zwischen

---

49 Vgl. BT-Drucks. 18/5922, S. 90: „Eine geringfügige Änderung gegenüber der bisher geltenden Rechtslage ergibt sich hinsichtlich Immobiliar-Verbraucherdarlehensverträgen daraus, dass die Voraussetzungen des neuen § 500 Absatz 2 Satz 2 BGB von § 489 Absatz 2 BGB abweichen. Die Änderung besteht darin, dass ein Verbraucher nunmehr dazu berechtigt ist, einen Wohnimmobilienkredit mit vertraglicher Sollzinsbindung vorzeitig zurückzuzahlen, wenn ein berechtigtes Interesse vorliegt. Bislang musste der Vertrag hierfür gekündigt werden, was voraussetzte, dass ein berechtigtes Interesse nicht nur vorlag, sondern dies gebot."

50 Vgl. BT-Drucks. 18/5922, S. 90: „Indem diese vorzeitige Rückzahlung an ein berechtigtes Interesse des Verbrauchers gekoppelt wird, gelten nunmehr für sie nahezu dieselben Voraussetzungen wie für das außerordentliche Kündigungsrecht nach § 490 Absatz 2 BGB. Für die Frage, wann ein berechtigtes Interesse vorliegt, kann an Rechtsprechung und Literatur zur parallelen Frage bei § 490 Absatz 2 BGB angeknüpft werden."

51 Siehe etwa BGH, Urt. v. 1.7.1997 – XI ZR 267/96, BGHZ 136, 161, 166 („Der Grundsatz der Vertragstreue erfährt jedoch bei Dauerschuldverhältnissen dann Ausnahmen, wenn berechtigte Interessen eines Vertragsteils dies gebieten.").

52 BGH, Urt. v. 1.7.1997 – XI ZR 267/96, BGHZ 136, 161, 167.

den Anforderungen an § 490 Abs. 2 BGB und denjenigen an § 500 Abs. 2 BGB keine nennenswerten Unterschiede.

4.2.2 Berechnung der Vorfälligkeitsentschädigung

Wesentlich interessanter ist die Frage nach der Berechnung der Vorfälligkeitsentschädigung. Dies wird in § 502 BGB geregelt, und zwar sowohl für den Allgemein-Verbraucherdarlehensvertrag als auch für den Immobiliar-Verbraucherdarlehensvertrag. Nach dessen Absatz 1 Satz 1 kann der Darlehensgeber im Fall der vorzeitigen Rückzahlung während einer vereinbarten Festzinsperiode (also in den Fällen des § 500 Abs. 2 BGB) eine angemessene Vorfälligkeitsentschädigung für den unmittelbar mit der vorzeitigen Rückzahlung zusammenhängenden Schaden verlangen, wenn der Darlehensnehmer zum Zeitpunkt der Rückzahlung Zinsen zu einem gebundenen Sollzinssatz schuldet. Bei Allgemein-Verbraucherdarlehensverträgen schränkt § 502 Abs. 1 Satz 2 BGB dies noch dahin ein, dass eine Vorfälligkeitsentschädigung nur verlangt werden kann, wenn der gebundene Sollzinssatz bereits bei Vertragsschluss vereinbart worden ist. § 502 Abs. 2 BGB sieht dann einen Ausschluss des Anspruchs auf Vorfälligkeitsentschädigung vor, wenn die Rückzahlung mit Mitteln aus einer Restschuldversicherung erfolgt oder wenn die Vertragsangaben über die Laufzeit des Vertrags, das Kündigungsrecht des Darlehensnehmers oder die Berechnung der Vorfälligkeitsentschädigung unzureichend sind. Schließlich enthält § 502 Abs. 3 BGB für Allgemein-Verbraucherdarlehensverträge – aber auch nur für solche – hinsichtlich der Höhe der Vorfälligkeitsentschädigung eine Deckelung, nämlich bei 1% des vorzeitig zurückgezahlten Betrags oder bei dem Betrag der noch offenen Sollzinsen. Dagegen wird die Vorfälligkeitsentschädigung bei Immobiliar-Verbraucherdarlehensverträgen gesetzlich nicht gedeckelt.

Was ist zu der Vorschrift zu sagen? Im Hinblick auf die dogmatische Verortung der Vorfälligkeitsentschädigung kann ich nur auf meine Ausführungen zu § 490 Abs. 2 BGB verweisen. Die Verwendung des Begriffs des Schadens befremdet auch hier, zumal er in der Wohnimmobilienkreditrichtlinie keine Entsprechung hat. Art. 25 Abs. 2 spricht vielmehr nur von einer Entschädigung für den finanziellen Verlust, auch Art. 16 der Verbraucherkreditrichtlinie verwendet lediglich den Begriff der Entschädigung.

Hinsichtlich der Berechnungsmethode für die Vorfälligkeitsentschädigung wirft § 502 Abs. 1 BGB ebenfalls mehr Fragen als Antworten auf. Dies liegt daran, dass diese Vorschrift ohne Differenzierung sowohl Art. 16 der Verbraucherkreditrichtlinie als auch Art. 25 der Wohnimmobilienkreditrichtlinie umsetzt. Hinsichtlich der Berechnungsmethode könnte aber eine Differenzierung angezeigt sein.

Zu der zwischen dem 11. Juni 2010 und dem 20. März 2016 geltenden Fassung des § 502 BGB, der in diesem Zeitraum nur für Allgemein-Verbraucherdarlehen galt, hatte sich nämlich im Schrifttum eine starke Auffassung herausgebildet, dass danach für die Berechnung der Vorfälligkeitsentschädigung nur die Aktiv-Aktiv-Methode zulässig sei, weil die Bank nur Anspruch auf den Zinsverschlechterungsschaden und nicht daneben auch auf den Zinsmargenschaden habe.[53] Art. 16 Abs. 2 der Verbraucherkreditrichtlinie macht zwar keine Vorgaben zur Berechnungsmethode, weil danach der Kreditgeber eine angemessene und objektiv gerechtfertigte Entschädigung für die entstandenen, unmittelbar mit der vorzeitigen Rückzahlung des Kredits zusammenhängenden Kosten verlangen kann. Die Beschränkung auf die Aktiv-Aktiv-Methode wird aber mit Art. 16 Abs. 4 Buchst. b Satz 3 der Verbraucherkreditrichtlinie begründet, wonach im Falle eines bestimmten Optionsrechts der Mitgliedstaaten der Verlust des Kapitalgebers „in der Differenz zwischen dem ursprünglich vereinbarten Zinssatz und dem Zinssatz (besteht), zu dem der Kreditgeber den vorzeitig zurückgezahlten Betrag auf dem Markt zum Zeitpunkt der vorzeitigen Rückzahlung als Kredit ausreichen kann". Dies beschreibt in der Tat die Aktiv-Aktiv-Methode. Indes hat der deutsche Gesetzgeber von dem Optionsrecht des Art. 16 Abs. 4 Buchst. b Satz 3 der Verbraucherkreditrichtlinie keinen Gebrauch gemacht. Dass dann gleichwohl allgemein nur die Aktiv-Aktiv-Methode zulässig sein soll, erschließt sich daher nicht ohne weiteres. Denn Art. 16 Abs. 4 der Richtlinie bezieht sich wohl nur auf die in § 503 BGB aF nicht umgesetzte Option, auch über die Grenze des § 502 Abs. 1 Satz 2 Nr. 1 BGB aF hinaus einen vollen Verlustausgleich vorzusehen.[54]

Würde man aber gleichwohl die Berechnung als auf die Aktiv-Aktiv-Methode beschränkt ansehen, würde dies allerdings – nach der geltenden Begriffsdefinition – nur für Allgemein-Verbraucherdarlehensverträge gelten, weil die frühere Fassung des § 502 BGB gemäß § 503 Abs. 1 BGB aF für Immobiliar-Verbraucherdarlehensverträge gerade keine Geltung hatte. Das ist seit dem 21. März 2016 allerdings anders.

Ähnlich wie Art. 16 Abs. 2 der Verbraucherkreditrichtlinie enthält Art. 25 Abs. 3 der Wohnimmobilienkreditrichtlinie keine Vorgabe zur Berechnung; eine

---

53 MüKoBGB/*Schürnbrand*, 7. Aufl., § 502 Rn. 9; Erman/*Nietsch*, BGB, 15. Aufl., § 502 Rn. 4; *Müller-Christmann* in Nobbe, Kommentar zum Kreditrecht, 3. Aufl., § 502 Rn. 11; *Freitag*, ZIP 2008, 1102, 1107; *Schürnbrand*, ZBB 2008, 383, 390 f.; wohl auch *Bülow/Artz*, Verbraucherkreditrecht, 9. Aufl., § 502 Rn. 12; a.A. Staudinger/*Kessal-Wulf*, BGB, Neubearbeitung 2012, § 502 Rn. 5; PWW/*Nobbe*, BGB, 13. Aufl., § 502 Rn. 2; *Merz* in Kümpel/Wittig, Bankrecht/KapitalmarktR, Rn. 10.339.

54 Staudinger/*Kessal-Wulf*, BGB, Neubearbeitung 2012, § 502 Rn. 5.

solche lässt sich hier auch nicht einer anderen Bestimmung entnehmen. Art. 25 Abs. 3 lautet vielmehr schlicht, dass der Kreditgeber eine angemessene und objektive Entschädigung für die entstandenen, unmittelbar mit der vorzeitigen Rückzahlung des Kredits zusammenhängenden Kosten verlangen kann. Es heißt dann weiter, dass die Entschädigung den finanziellen Verlust des Kreditgebers nicht überschreiten dürfe. Zum „finanziellen Verlust" des Kreditgebers dürfte auch die entgangene Zinsmarge gehören, so dass die Wohnimmobilienkreditrichtlinie weiterhin die Aktiv-Passiv-Methode zulässt. Davon geht jedenfalls auch der deutsche Gesetzgeber aus, der es nach den Gesetzesmaterialien mit der Regelung des § 502 BGB bei der bisherigen Rechtsprechung des BGH zur Berechnungsweise der Vorfälligkeitsentschädigung belassen wollte.[55] Nicht verschweigen will ich allerdings, dass es im Schrifttum auch vereinzelte Stimmen gibt, die den in Art. 25 Abs. 3 der Wohnimmobilienkreditrichtlinie verwendeten Begriff der „Kosten" ganz eng auslegen und darunter im Ergebnis nur den Verwaltungsaufwand für die Abwicklung des Vertrags (ca. 200 bis 400 €) und die Kosten der Refinanzierung fassen, letzteres aber nur im Falle einer auf das konkrete Darlehen bezogenen laufzeitkongruenten Refinanzierung, was in der Bankpraxis praktisch nicht mehr vorkommt.[56]

Wäre es in Bezug auf Allgemein-Verbraucherdarlehensverträge richtig, dass die Verbraucherkreditrichtlinie nur noch die Aktiv-Aktiv-Methode zulässt, würde sich für die ab dem 21. März 2016 geltende Neufassung des § 502 BGB die Frage stellen, ob dies dann auch für Immobiliar-Verbraucherdarlehen gilt oder insoweit eine gespaltene Auslegung vorzunehmen ist, weil Art. 25 Abs. 3 der Wohnimmobilienkredit-Richtlinie insoweit eine solche „Vorgabe" wohl nicht enthält, sondern dies den Mitgliedstaaten überlassen hat. Eine gespaltene Auslegung – eine solche hat etwa Prof. Binder auf dem Bankrechtstag 2016 vertreten[57] – begegnet allerdings Bedenken, weil sie innerhalb ein und derselben Norm für unterschiedliche Vertragstypen, d. h. je nach Anwendungsbereich der ein oder der anderen Richtlinie, vorgenommen würde. Insbesondere könnte dies mit der Rechtsprechung des EuGH[58] zur transparenten Umsetzung von Richtlinienvorgaben kollidieren.

---

55 BT-Drucks. 18/5922, S. 91.

56 *Knops*, NJW 2018, 1505, 1508 ff.

57 *Binder*, in: Bankrechtstag 2016, S. 3, 41; ebenso nunmehr *Müller-Christmann* in Nobbe, Kommentar zum Kreditrecht, 3. Aufl., § 502 Rn. 11.

58 Vgl. nur EuGH NJW 2001, 2244 f.

5 Fazit

Das Thema der Vorfälligkeitsentschädigung ist ein weites Feld. Alles wozu der BGH noch nicht Stellung genommen hat, ist offen. Hinzu kommen aber auch bereits vom BGH zum alten Recht entschiedene Fragen. Hier muss stets überprüft werden, ob die BGH-Rechtsprechung noch 1:1 übertragbar ist oder u. U. modifiziert werden muss.

Möglicherweise ist aber auch der Gesetzgeber gefordert. Meines Erachtens sollte er vor allem eine getrennte Regelung der Vorfälligkeitsentschädigung im Falle der vorzeitigen Rückzahlung eines Immobiliar-Verbraucherdarlehensvertrags einerseits und eines Allgemein-Verbraucherdarlehensvertrags andererseits schaffen. Ob auch eine gesetzliche Festlegung der Berechnungsmethode, ggfs. einschließlich der Berechnungsparameter (Vergleichszins, Abzinsungszins, Risikoprämie, Verwaltungsaufwand) erforderlich und überhaupt sinnvoll möglich ist, ist dagegen zweifelhaft. Eine Studie der deutschen Verbraucherzentralen im Jahr 2014[59] hat zwar zahlreiche überhöhte Vorfälligkeitsentschädigungen festgestellt. Wie die Diskussion in der Arbeitsgruppe „Vorfälligkeitsentschädigung" beim BMJV aber ergeben hat, lag dies vor allem daran, dass die Kreditinstitute die Vorgaben der BGH-Rechtsprechung nicht beachtet haben. Dies gilt zum einen in Bezug auf die Außerachtlassung von Sondertilgungsrechten und zum anderen hinsichtlich einer Vermischung von Verzugsschaden und Nichterfüllungsschaden.[60] Aufgrund dessen würde ich – entsprechend dem Satz von Montesquieu „Wenn es nicht notwendig ist, ein Gesetz zu machen, dann ist es notwendig, kein Gesetz zu machen" – eher dazu neigen, die Beantwortung der komplexen Fragen der Berechnungsweise der Vorfälligkeitsentschädigung der Rechtsprechung zu überlassen. Oder, um es zum Abschluss – gerade hier in Wien oberhalb des Café Central – mit dem berühmten Österreicher Karl Kraus zu sagen: „In zweifelhaften Fällen entscheide man sich für das Richtige."[61]

---

59 Marktuntersuchung der Verbraucherzentralen und des Verbraucherzentrale Bundesverbandes, Vorfälligkeitsentschädigungen: Überprüfung und Bewertung der Angemessenheit und Rechtmäßigkeit von Entschädigungszahlungen von Verbrauchern bei vorzeitig gekündigten Immobilienkrediten, Stand: Juli 2014, abrufbar unter http://www.vzbv.de (unter Themen/Finanzen/Kredite).

60 Siehe dazu etwa BGH, Urt. v. 20. 2. 2018 – XI ZR 445/17, WM 2018, 782 Rn. 33 ff. = NJW 2018, 1812.

61 Quelle: Kraus, Sprüche und Widersprüche, 1909.

Martin Spitzer

Hypothekar- und Immobilienkreditgesetz*

1 Ausgangspunkt

Fragen der Umsetzung der Wohnimmobilienkredit-RL[1] haben in Deutschland zu erheblichen Diskussionen geführt.[2] Aus österreichischer Perspektive ist das Inkrafttreten des Umsetzungsgesetzes „Hypothekar-und Immobilienkreditgesetz“ (HIKrG)[3] am 21.03.2016 demgegenüber recht beschaulich vonstatten gegangen.

Martin Spitzer, Institut für Zivil- und Zivilverfahrensrecht, WU Wien

* Der Beitrag ist die überarbeitete und ergänzte Fassung eines Vortrages des Verfassers am Deutschen Bankrechtstag 2018. Die Vortragsform wurde weitgehend beibehalten.

1 Richtlinie des Europäischen Parlaments und des Rates vom 04.02.2014 über Wohnimmobilienkreditverträge für Verbraucher und zur Änderung der Richtlinien 2008/48/EG und 2013/26/EU sowie der Verordnung (EU) Nr 1093/2010.

2 Vgl den Beitrag von *Wittig*, Umsetzung der Wohnimmobilienkredit-RL in Deutschland in diesem Band ab Seite 99.

3 Bundesgesetz über Hypothekar- und Immobilienkreditverträge und sonstige Kreditierungen zu Gunsten von Verbrauchern (Hypothekar- und Immobilienkreditgesetz – HIKrG) BGBl I 2015/135 idF BGBl I 2017/93.

https://doi.org/10.1515/9783110641103-005

Dass der Wohnimmobilienkredit in Österreich weniger kontroversiell war, erlaubt eine Betrachtung im größeren Zusammenhang.

2 Bezugsrahmen

2.1 Umsetzungsmodelle

Dafür bietet es sich an, einen Blick auf den Bezugsrahmen zu werfen und das Koordinatensystem abzustecken, in dem der Gesetzgeber und der Rechtsanwender sich bewegen. Eine solche Betrachtung beginnt traditionell – und sinnvollerweise – beim europäischen Rechtsakt, wo sich in Anbetracht immer komplexerer Regelungsmaterien auch immer komplexere Regelungstechniken finden, wie Multilevel-Rechtsakte wie der MiFID-Regelungskomplex zeigen. So kompliziert ist es bei der Wohnimmobilienkredit-RL allerdings nicht,[4] sodass ausnahmsweise mit der Tradition gebrochen werden und mit dem nationalen Recht begonnen werden soll.

Dort stellt sich auf einer Makro-Ebene die Frage, wie überhaupt mit Verbraucherschutzrichtlinien umzugehen ist. Die Ausgangssituation war dabei in Deutschland und Österreich gleich. Beide Länder verfügen über geradezu kanonisierte Kodifikationen, mit denen in der Folge aber ganz verschieden umgegangen wurde.

Deutschland hat nach einem Ausflug mit dem AGB-G seit längerem[5] den Weg der Integration ins Stammgesetz eingeschlagen. Der Gesetzgeber bemüht sich sichtlich darum, im BGB zu systematisieren, zu abstrahieren, nach Möglichkeit übergreifende Regelungszusammenhänge freizulegen und zu betonen. Diese klassischen Aufgaben eines Gesetzgebers werden ihm im EU-Verbraucherschutz aber nicht leicht gemacht, wie sich schon zeigt, wenn man etwa die Richtlinien zum Verbraucherkredit und Wohnimmobilienkredit nebeneinander legt, und sich die Frage stellt, ob mehr übergreifender Zusammenhang wirklich so schwer gewesen wäre.

Österreich hat demgegenüber seit 1979, also lange vor dem Beitritt zur EU im Jahr 1995, ein Konsumentenschutzgesetz (KSchG) als ursprünglich autonomes Verbrauchergesetzbuch.[6] In weiterer Folge entwickelte sich das KSchG zum logischen und daher auch primären Ort der Richtlinienumsetzung im Verbraucher-

4 Siehe aber zu den EBA-Leitlinien noch unter 2.3.

5 Ihren Anfang dürfte diese Tendenz im Schuldrechtsmodernisierungsgesetz 2001 haben; vgl *Wendehorst*, Dauerbaustelle Verbrauchervertrag, NJW 2011, 2551 (2555).

6 Siehe dazu *Reindl*, Entstehung und Konzeption des KSchG, in Krejci, Handbuch 71 (78 ff).

recht. Ausnahmen wie das Produkthaftungsgesetz, das schon 1988 als eigenständiges Sondergesetz positiviert wurde, bestätigen die Regel. In das KSchG wurden jedenfalls Klauselkontrolle, Fernabsatz und Haustürgeschäft aufgenommen, womit der weitere Weg eigentlich vorgezeichnet war: Der Ausbau des KSchG zum harmonisierten Verbraucherrechtskodex, der dann mit dem UGB – also dem österreichischen Pendant zum HGB – als Sonderkodifikation und mit dem allgemeinen zivilrechtlichen Kodex ein privatrechtliches Dreigestirn gebildet hätte. Wer sich das 1995 erwartet hat, ist indes enttäuscht worden.

In den letzten Jahren ist die Legistik nämlich dazu übergegangen, kein einheitliches Verbrauchergesetzbuch mehr zu entwickeln oder auch nur anzustreben. Stattdessen werden, vom jeweiligen europäischen Impuls getrieben, für neue Materien auch neue Gesetze geschaffen. So wurde vor der Umsetzung der Wohnimmobilienkredit-RL bereits die Timesharing-RL 2008/122/EG im Teilzeitnutzungsgesetz 2011, die Richtlinie über den Fernabsatz von Finanzdienstleistungen 2002/65/EG im Fern-Finanzdienstleistungs-Gesetz (FernFinG), die Verbraucherrechte-RL 2011/83/EU großteils im Fernabsatz- und Auswärtsgeschäftegesetz (FAGG) sowie die Verbraucherkredit-RL 2008/48/EG im Verbraucherkreditgesetz (VKrG) umgesetzt.

Wenn man bedenkt, dass nicht einmal die Umsetzung der Fern- und Auswärtsgeschäft-Bestimmungen der Verbraucherrechte-RL im FAGG dazu geführt hat, die alten KSchG-Bestimmungen zum Haustürgeschäft zu streichen und in das FAGG zu überführen, illustriert das den gegenwärtigen österreichischen Zugang. Haustürgeschäfte über Finanzdienstleistungen sind von der RL ja nicht erfasst. Man könnte es also konsequent finden, dass sie auch vom ganz richtlinienzentrierten FAGG nicht erfasst sind und dafür weiterhin das KSchG zuständig ist. Die Konsequenz dieser Konsequenz ist aber, dass wenn einem Verbraucher etwas an der Wohnungstür verkauft wird, es von der Ware abhängt, ob das FAGG oder das KSchG zur Anwendung kommt, weil man sich nicht zu einer gemeinsamen Regelung durchringen konnte, bei der man die Haustürgeschäfte entweder insgesamt im KSchG belassen oder in ein FAGG überleiten hätte können. Die daraus resultierende Zersplitterung des Verbraucherrechts auf Mikroebene ist zweifellos kein besonderer Vorteil des österreichischen Rechts.

Sieht man über die Mikroebene einzelner Regelungsmaterien hinweg, erscheint der grundsätzliche Zugang, auf einer Makroebene das ABGB als das Stammgesetz mit Verbraucherrecht zu verschonen und nur bei überschießender Umsetzung das Zivilrechtsgesetzbuch zu bemühen, allerdings durchaus attraktiv.[7]

---

7 So auch *Wendehorst*, Verbraucherprivatrecht in Österreich – Plädoyer für eine Reform, in Welser, Reformen im österreichischen und türkischen Recht 101 (107).

Die Frequenz, mit der die Mitgliedstaaten europäische Impulse aufzunehmen und zu verarbeiten haben, erfordert eigentlich laufende Bautätigkeit des Gesetzgebers. *Wendehorst* spricht vor dem Hintergrund des deutschen Zuganges daher von der „*Dauerbaustelle*“ BGB, gibt aber gleichzeitig zu bedenken: „*Ein Gewinn an Kohärenz und Übersichtlichkeit ist nicht erreicht worden, ganz im Gegenteil. Niemand – auch nicht der Gesetzgeber selbst – scheint noch den Überblick über das Dickicht unterschiedlicher Regelungskomplexe zu haben, die miteinander verwoben sind durch zahllose Querverweise unterschiedlicher Art und Richtung.*“[8]

Die Umsetzungen der Wohnimmobilienkredit-RL in Deutschland verdeutlicht dies anschaulich.[9] Dabei drängt sich natürlich die Frage auf, ob solche Dauerbaustellen in der zentralen Kodifikation wünschenswert sind, insbesondere wenn auf Grund der markant verschiedenen Regelungsdichte und -tiefe die Balance des Gesetzes in Mitleidenschaft gezogen wird. So ist die österreichische Umsetzung der Wohnimmobilienkredit-RL etwa dreimal so lang wie der Kauf im ABGB.

Es ist aber ja nicht nur der Richtliniengeber, der ins Kalkül zu ziehen ist. Wenn er schweigt, sorgt der EuGH für Arbeit und mitunter für Überraschungen. Das führt zu einem weiteren Gesichtspunkt, der auf der Makroebene eine Rolle spielt: Natürlich gibt es die Möglichkeit gespaltener Auslegung, wie dies der BGH bis zur aktuellen Kaufrechtsreform als Reaktion auf die Weber/Putz-Entscheidung des EuGH[10] getan hat[11] und wie es der OGH immer noch tut. Aber wer Sondermaterien schon nicht in die allgemeine Kodifikation aufnimmt, schottet diese natürlich auch ein wenig ab und konserviert Prinzipien dort gegen Einflüsse, die das System strapazieren könnten. Wenn schon keine Einheit der Rechtsordnung erzielt werden kann, kann eine Auslagerung des Verbraucherrechts doch zumindest die Einheit des Stammgesetzes ein wenig schützen, zweifellos für viele Zivilrechtler ein attraktiver Gedanke.

So sehr die Umsetzungstechnik von Richtlinien auf der Mikroebene in Österreich daher kritisch gesehen werden kann, so überzeugend präsentiert sich das österreichische Konzept auf der Makroebene.

---

8 *Wendehorst*, NJW 2011, 2551 (2555).

9 Vgl zur Umsetzung in Deutschland den Beitrag von *Wittig* in diesem Band (S. 99 f).

10 EuGH verb C-65/09 (Gebr. Weber GmbH/Jürgen Wittmer) und C-87/09 (Ingrid Putz/Medianess Electronics GmbH).

11 BGH 17.10.2012, VIII ZR 226/11 („Granulat“).

2.2 Umsetzungskonzept der Wohnimmobilienkredit-RL

In das soeben behandelte Konzept zur Umsetzung europäisch determinierter verbraucherrechtlicher Regelungen, lässt sich die Umsetzung der Wohnimmobilienkredit-RL in Österreich nun nahtlos einfügen. Der österreichische Gesetzgeber setzte diese nämlich weder im ABGB noch im KSchG um. Die Umsetzung erfolgte vielmehr in einem eigenen Gesetz: dem Hypothekar- und Immobilienkreditgesetz, das neben das Verbraucherkreditgesetz zur Umsetzung der Verbraucherkredit-RL gestellt wurde.

In den Erläuterungen wurde die Möglichkeit, innerhalb des VKrG Sonderbestimmungen für jene Kreditverträge zu schaffen, die in den Anwendungsbereich der Wohnimmobilienkredit-RL fallen, zwar angesprochen, aber abgelehnt. Als Begründung nannte das Bundesministerium für Justiz die zahlreichen Abweichungen von den im VKrG umgesetzten Vorgaben der Verbraucherkredit-RL, die ein gemeinsames Gesetz schwer lesbar und unübersichtlich machen würden.[12] Das HIKrG wurde somit gleichsam als Spiegelgesetz zum VKrG konzipiert. Es gleicht dem VKrG in Aufbau und Struktur, ist aber eben doch ein eigenes Gesetz.[13]

Die ausdrückliche Ausnahme von hypothekarisch besicherten oder zum Erwerb bzw Erhalt von Eigentumsrechten an unbeweglichen Sachen dienenden Verbraucherkrediten aus dem VKrG (gem § 4 Abs 2 VKrG) stellt sicher, dass eine klare Trennlinie zwischen Krediten, die unter das VKrG fallen, und Krediten, die unter das HIKrG fallen, gezogen wird.[14]

Die Richtlinienumsetzung im HIKrG erfolgte nahezu wortgetreu, was insgesamt dem Umsetzungsstil des österreichischen Gesetzgebers entspricht. Der federführende Legist erläutert hierzu, dass man „*grosso modo keine Weiterungen und Konkretisierungsversuche*“ unternommen habe, denn die Richtlinie sei „*häufig zu komplex, aber auch zu unklar und mehrdeutig, als dass man verlässlich davon ausgehen könnte, dass ein innerstaatlicher Verdeutlichungsversuch auch wirklich genau das abbilden werde, was der RL-Geber gewollt hat*“.[15] Der österreichische Gesetzgeber versucht sich so sicher auch für eine richtlinienkonforme Interpretation zu rüsten und stellt durch Umsetzungswillen sicher, dass sich die künftige Judikatur des EuGH in der österreichischen Umsetzung auch wiederfinden kann, ohne dass Nachbesserungen oder spätere Korrekturen durch den Gesetzgeber nötig werden,[16] die in Österreich – etwa nach Entscheidungen des

12 ErläutRV 843 BlgNR 25. GP 1.

13 *Stabentheiner*, Das Hypothekar- und Immobilienkreditgesetz (Teil I), ÖJZ 2016, 151 (154).

14 *Stabentheiner*, ÖJZ 2016, 151 (156).

15 *Stabentheiner*, ÖJZ 2016, 151 (154).

16 *Stabentheiner*, ÖJZ 2016, 151 (154).

EuGH – tendenziell eher selten sind. Gleichzeit hat die richtlinienkonforme Interpretation in Österreich Hochkonjunktur. Nach einem etwas verhaltenen Start, in dem die literarischen Stellungnahmen sich stärker auf die Möglichkeiten europarechtskonformer Auslegung und Rechtsfortbildung konzentriert haben,[17] wächst heute das Bewusstsein für die Grenzen des Machbaren.

Die Umsetzung der Wohnimmobilienkredit-RL im HIKrG steht jedenfalls bewusst unverbunden neben dem Verbraucherkreditgesetz und hat einen recht wortgetreuen und damit zukunftssicheren Umsetzungsstil. Der österreichische Gesetzgeber ist auf Nummer sicher gegangen und hat die RL ausgesprochen „brav" umgesetzt.[18]

Die Wohnimmobilienkredit-RL ist aber nicht das einzige, was aus Europa zum Immobilienkredit zu bedenken ist.

2.3 EBA Guidelines

Neben der Richtlinie gibt es noch Leitlinien der European Bank Authority (EBA). Einschlägig sind in diesem Zusammenhang vor allem die EBA Leitlinien („Guidelines") zur Kreditwürdigkeitsprüfung.[19]

Art 16 der EBA-VO erlaubt der EBA, Leitlinien und Empfehlungen für nationale Aufsichtsbehörden aber auch Finanzinstitute herauszugeben, um kohärente, effiziente und wirksame Aufsichtspraktiken zu schaffen und eine gemeinsame, einheitliche und kohärente Anwendung des Unionsrechts sicherzustellen. Generell sind Leitlinien für Regelungsbereiche vorgesehen, für die es noch keine technischen Regulierungs- oder Durchführungsstandards gibt.[20]

Die EBA erläutert so, wie die relevanten europäischen Rechtsgrundlagen ihrer Meinung nach auszulegen sind, und gibt nationalen Aufsichtsbehörden und Finanzinstituten Orientierungshilfen und wichtige Hinweise an die Hand. Das hat die EBA zur Wohnimmobilienkredit-RL mit den Leitlinien zur Kreditwürdigkeitsprüfung zu den in Art 18 und Art 20 der RL festgelegten Anforderungen getan.

Daraus resultiert nahtlos die Frage, welche Rechtswirkungen solche Leitlinien haben. Müssen sich Banken daran halten, können sich Vertragspartner darauf berufen?

---

17 Vgl die grundlegende Monographie von *Perner*, EU-Richtlinien und Privatrecht (2012).

18 Es gibt auch noch öffentlichrechtliche Flankierungen – die aus Kapitel 11 der RL stammen – wie die Standesregeln für Kreditvermittlung und gewerberechtliche Bestimmungen (§§ 136e – h GewO), die in diesem Zusammenhang aber nicht interessieren.

19 EBA/GL/2015/11.

20 ErwGr 26 EBA-VO.

Auf den ersten Blick scheint die Antwort auf die Frage nach Rechtswirkungen von EBA Leitlinien klar. Im abschließenden Rechtsquellenkatalog des Art 288 AEUV (VO, RL, Beschluss, Empfehlung, Stellungnahme) werden Leitlinien nicht erwähnt. Da die Auslegungskompetenz für Unionsrecht beim EuGH liegt, folgt daraus eigentlich, dass die Auslegungsanschauungen der EBA unverbindlich sind und keine Rechtswirkungen haben.

Das ist indes wohl zu kurz gegriffen: Art 16 Abs 3 der EBA-VO normiert nämlich, dass Finanzinstitute und Aufsichtsbehörden alle erforderlichen Anstrengungen zu unternehmen haben, um den Leitlinien nachzukommen. Daraus folgt, dass Aufsichtsbehörden und Finanzinstitute Leitlinien nicht einfach unbeachtet lassen können. Vielmehr resultiert aus dieser Anordnung, dass sie grundsätzlich verpflichtet sind, sich mit der Leitlinie auseinanderzusetzen und ihr insofern Beachtung zu schenken.

Dabei handelt es sich um eine besondere Ausprägung des unionsrechtlichen Loyalitätsgebotes. Unabhängig davon, was in der Leitlinie steht, wäre es also sorgfaltswidrig, sie einfach zu ignorieren. Es ist als eindeutige Intention des Verordnungsgebers erkennbar, dass Leitlinien zwar nicht wie unmittelbar verbindliche Rechtsakte gelten und durchsetzbar sein sollen, aber dennoch auch nicht unbeachtet bleiben sollen.[21]

Aber welche konkrete Bedeutung hat eine Leitlinie – unter Berücksichtigung von Art 16 der EBA-VO – für die Auslegung des Europarechts nun? Anhand eines Beispiels spitzt sich die Frage zu: Kommt es zum Streit über eine Kreditwürdigkeitsprüfung, in dem der Verbraucher behauptet, der Kreditgeber habe unzureichend geprüft, ist selbstverständlich die Kreditwürdigkeitsprüfung aus der Richtlinie und nicht aus der Leitlinie – maßgebend. Wenn die Leitlinie die Richtlinie richtig interpretiert, gilt sie schon deshalb, weil die Richtlinie diese Aussage ohnehin schon getroffen hat, die Leitlinie ist *„la bouche de la loi“*.

Schwieriger wird es, wenn die Leitlinie die Vorgaben der Richtlinie nicht ordnungsgemäß abbildet oder – diese Fälle werden praktisch häufig sein – wo sich die Leitlinie nicht mehr ohne weiteres auf die RL-Vorgaben stützen kann. Beispiele finden sich leicht. So sind etwa die EBA Guidelines zum Onlinebanking von der Zahlungsdienste-RL (PSD2) weit entfernt.

Für den Rechtsanwender ist ex ante aber nur sehr schwer feststellbar, ob die Leitlinie „zutrifft“, weil sie noch Konkretisierung der RL ist, oder nicht mehr zutrifft, weil sie ein unzulässiges Eigenleben entwickelt. Gerade die Zweifelsfälle sind aber die praktisch entscheidenden Fälle. Ist ohnehin klar, dass Leitlinien die

---

21 *Bollenberger/Russ*, Leitlinien der europäischen Aufsichtsbehörde im Rahmen des ESFS, ÖBA 2015, 806 (807).

RL abbilden, ist alles in Ordnung; tun sie das offenkundig nicht, muss man sie nicht befolgen.

Rechtstheoretisch ist die Sache also klar. Wo sich die Leitlinie nicht auf die Richtlinie stützen kann, bleibt die Richtlinie relevant, nicht die unzutreffende Auslegung durch die Leitlinie. Interessanter ist aber die Frage, ob die Leitlinie davon abgesehen eine Rechtswirkung haben kann, was auf den ersten Blick kontraintuitiv erscheint.

Im Schrifttum finden sich zur Reichweite und Bindungswirkung von EBA-Leitlinien meist sehr offen formulierte Aussagen.[22] Es wird davon gesprochen, dass den Leitlinien eine „*recht hohe rechtliche Bedeutung*" zukomme,[23] dass Leitlinien eine „*gewisse Bindungskraft*" aufweisen und infolgedessen als „*untergesetzliche Normkategorie infolge Gestaltungsfunktion*" einzuordnen seien.[24] Am häufigsten ist von „*faktischer Bindungswirkung*"[25] und „*soft law*" zu lesen, was allerdings mehr Zustandsbeschreibung als rechtliche Einordnung ist.

Ausschlaggebend ist, dass die Leitlinien von einer sachverständigen Behörde herausgegeben wurden, die damit ihren kodifizierten Sachverstand zum Ausdruck bringt. Für Finanzinstitute hat dies nun eine doppelte Auswirkung:

Erstens: Verlassen sie sich auf den Sachverstand, der in der Leitlinie zum Ausdruck kommt, sind sie im sicheren Hafen.

Zweitens: Der Sachverstand prägt auch den Sorgfaltsmaßstab, und daher wird man gut daran tun, der Leitlinie zu folgen, wenn man sich sorgfaltsgemäß verhalten möchte.

Warum befindet sich im sicheren Hafen, wer die Leitlinien befolgt? Die EBA-VO enthält die Pflicht der Normadressaten, sich mit den Leitlinien zu befassen, nicht sie zu überprüfen. Aufsichtsbehörden müssen sich zB innerhalb von 2 Monaten hinsichtlich ihrer *compliance* erklären, sodass die Erwartungshaltung eindeutig ist. Wenn von der EBA-VO erwartet wird, dass sich die Rechtsunterworfenen an Leitlinien halten, kann ihnen aber auch kein Strick daraus gedreht werden, wenn sie das tun. Safe harbour[26] entfaltet dabei keine normative Kraft, die zB eine

---

22 Vgl zu einer genaueren Darstellung, der in der Literatur vertretenen Meinungen *Bollenberger/Russ*, ÖBA 2015, 806 (809 f).

23 *Weiß*, Das Leitlinien(un)wesen der Kommission verletzt den Vertrag von Lissabon, EWS 2010, 257.

24 *Thomas*, Die Bindungswirkung von Mitteilungen, Bekanntmachungen und Leitlinien der EG-Kommission, EuR 2009, 423 (424); *Lehmann/Manger-Nestler*, Die Vorschläge zur neuen Architektur der europäischen Finanzaufsicht EuZW 2010, 87 (90).

25 Vgl *Sonder*, Rechtsschutz gegen Maßnahmen der neuen europäischen Finanzaufsichtsagenturen, BKR 2012, 8 (9).

26 *Frank*, Rechtswirkungen ESMA Leitlinien und Empfehlungen (2012) 179 f.

an sich gesetzwidrige Vertragsbestimmung sanieren würde. Das vermögen Leitlinien nicht zu bewirken. Safe harbour heißt aber, dass derjenige, der auf die Leitlinien vertraut und sich daran hält, seine Sorgfaltspflichten nicht verletzt und daher nicht schadenersatzpflichtig wird. [27] Die Lage ist ähnlich wie sonst auch, wenn ein Sachverständiger beigezogen wird. Wenn und weil der Sachverständige die notwendige Sachkenntnis hat, kann man sich auf ihn verlassen. Mehr kann die Rechtsordnung nicht erwarten.

Man kann sich also auf die Leitlinien verlassen und ist im sicheren Hafen, wenn man ihnen folgt, auch wenn sie sich als „falsch" herausstellen. Man kann aber auch die umgekehrte Frage stellen. Welche Bedeutung habe Leitlinien, wenn sie – wie das hoffentlich meistens der Fall ist – inhaltlich richtig sind?

In den Leitlinien zur Kreditwürdigkeitsprüfung finden sich etwa Aussagen darüber, wie sich ein Kreditgeber zu verhalten hat, um seiner Verpflichtung zur Überprüfung der Kreditwürdigkeit des Verbrauchers nachzukommen. Ziel der Leitlinie ist die Konkretisierung der Art 18 und 20 der RL, die eine solche Verpflichtung nur allgemein vorsieht. Die Leitlinie ist aber viel konkreter. Sie erläutert, was der Kreditgeber alles berücksichtigen sollte, wie bei selbständig Tätigen oder bei Verbrauchern mit einem saisonalen Einkommen vorzugehen ist. Sogar die Frage, wie bei Kreditlaufzeiten vorzugehen ist, die über das voraussichtliche Rentenalter des Verbrauchers hinausgehen, wird thematisiert.

Tritt ein Streitfall auf, in dem der Verbraucher behauptet, dass der Kreditgeber nicht ausreichend geprüft hat, ist – wie bereits gezeigt wurde – natürlich immer noch der Begriff der Kreditwürdigkeitsprüfung der RL relevant. Aber: Die Leitlinie konkretisiert den Sorgfaltsmaßstab und kann über diesen Weg indirekt Pflichten hervorrufen. Indirekt, weil nicht die Leitlinie die Pflicht begründet, sondern die Anordnung, dass sich eine Bank im Kundenkontakt lege artis verhalten muss. Nur – aber immerhin – das Verständnis, was lege artis ist, prägt die Leitlinie entscheidend mit.

Das heißt: Der Leitlinie als solcher muss man nie entsprechen. Sie ist immer unverbindlich, es gilt die dahinter stehende europarechtliche Anordnung. EBA-Leitlinien kommen aber von einer sachverständigen Behörde. Wer sich auf diesen Sachverstand verlässt, ist im sicheren Hafen, auch wenn die Leitlinie unrichtig ist. Der Sachverstand prägt aber auch den Sorgfaltsmaßstab, und daher wird man gut daran tun, der Leitlinie zu folgen, wenn man sich sorgfaltsgemäß verhalten möchte.

---

27 Vgl *Bollenberger/Russ*, ÖBA 2015, 806 (811).

Bedenkt man all das, liegt die Frage nach Rechtsschutz gegen EBA-Leitlinien auf der Hand. Regelungen zum Rechtsschutz gegen Maßnahmen der EBA finden sich in Art 60 der EBA-VO, jedoch ist dort lediglich ein Beschwerderecht gegen verbindliche Beschlüsse vorgesehen. Rechtsschutzmechanismen gegen Leitlinien und Empfehlungen werden nicht erwähnt.

Fraglich ist, ob eine Nichtigkeitsklage nach Art 263 Abs 4 AEUV möglich ist. Worauf kommt es dabei an? Bekanntlich überwacht der EuGH die Rechtmäßigkeit der Gesetzgebungsakte sowie der Handlungen des Rates, der Kommission und der EZB, soweit es sich nicht um Empfehlungen oder Stellungnahmen handelt, und der Handlungen des Europäischen Parlaments und des Europäischen Rates mit Rechtswirkung gegenüber Dritten. Er überwacht ebenfalls die Rechtmäßigkeit der Handlungen der Einrichtungen oder sonstigen Stellen der Union mit Rechtswirkung gegenüber Dritten (Art 263 Abs 1 AEUV).

Zu diesem Zweck ist der EuGH für Klagen von Mitgliedstaaten, des EP, des Rates oder der Kommission zuständig. Aber nach Art 263 Abs 4 AEUV können auch natürliche oder juristische Personen gegen Handlungen sowie gegen Rechtsakte mit Verordnungscharakter klagen, die sie unmittelbar und individuell betreffen.

Die Möglichkeit Nichtigkeitsklage gegen unverbindliche Empfehlungen und Stellungnahmen ist somit prima facie ausgeschlossen. Mit dem Rechtsschutz gegen „Handlungen" wird jedoch auf alle Maßnahmen von Unionsorganen abgestellt, die Rechtwirkungen nach außen erzeugen, folglich auch auf atypische Handlungsformen.[28] Da von Leitlinien spürbare faktische Nachteile ausgehen können, ist *Sonder* zuzustimmen, dass gute Gründe dafür sprechen, die bestehenden Rechtsschutzlücken bei unverbindlichen Leitlinien und Maßnahmen mit normativen Charakter zu schließen und dem Betroffenen entsprechenden Rechtsschutz im Wege der Nichtigkeitsklage zu gewähren.[29]

Eine Bindungswirkung der im Akt enthaltenen Aussagen ist daher keine Voraussetzung. Es ist ausreichend, dass die Handlung – die EBA-Leitlinien – einen Privaten „betreffen" (= beeinträchtigt). Dies ist zu bejahen, wenn sich Private bemühen müssen, der Leitlinie zu entsprechen und eine Befassungspflicht besteht, sowie eine Begründungspflicht, wenn sie der Leitlinie nicht entsprechen wollen.

---

28 *Thiele*, Das Rechtsschutzsystem nach dem Vertrag von Lissabon – (K)ein Schritt nach vorn?, EuR 2010, 30 (41); *Sonder*, BKR 2012, 8.

29 *Sonder* sieht hier das Erfordernis einer Lückenschließung vor im Hinblick auf die Klagslegitimation nach Art 263 Abs 4 AEUV (vgl *ders*, BKR 2012, 8).

Wer Rechtsschutzmöglichkeiten gegen Leitlinien nicht vorsieht, entzieht ihnen das Fehlerkalkül, sodass rechtstheoretisch eine rechtswidrige Leitlinie absolut nichtig wäre.

3 Umsetzung in Österreich: Anwendungsbereich

Nach diesem Blick auf den Bezugsrahmen interessiert nun, was der österreichische Gesetzgeber konkret aus den europäischen Vorgaben gemacht hat.

Vorweg ist dabei zu sagen, dass für die österreichische Bankwirtschaft ein Verbraucherschutzregime für Immobilienkredite nicht überraschend kam, weil Österreich solche Kredite bereits zuvor im VKrG inkludiert hatte. Deshalb war nicht einmal das Bedürfnis von Verbraucherschutzorganisationen nach einer Neuregelung besonders groß. Die österreichische Diskussion ist daher im Vergleich zu Deutschland viel ruhiger verlaufen.[30] Die Fragen, die in weiterer Folge angesprochen werden sollen, sind zwar teils Streitfragen, jedoch ohne allzu viel Streit.

3.1 „Dual use“

3.1.1 Verbraucher-Unternehmer

Die erste zu behandelnde Frage ist, wer denn überhaupt geschützt ist. Dass die Richtlinie eine Verbraucherschutz-RL darstellt, ist ebenso klar, wie wer Verbraucher ist.

Wie Personen zu behandeln sind, die ein gemischtes Geschäft abschließen, also zum Teil als Verbraucher und zum Teil als Unternehmer, ist aus österreichischer Perspektive weniger klar. Die längste Zeit wurde diese Frage nach der Entscheidung des EuGH[31] in der Rs Gruber beurteilt, die allerdings zum Europäischen Prozessrecht, nämlich zum Verbrauchergerichtsstand, ergangen ist. In den sogenannten „*Dual use*“-Fällen lag nach diesem Maßstab nur dann ein Verbrauchergeschäft vor, wenn der gewerbliche Zweck so nebensächlich war, dass er im Gesamtzusammenhang eine ganz untergeordnete Rolle spielt. Dementsprechend hat eine unternehmerische Komponente das Geschäft also leicht infiziert.

---

30 Siehe dazu *Wittig* in diesem Band.

31 EuGH C-464/01 (Gruber).

Aus deutscher Perspektive erscheint ein Bezug auf die Rs Gruber verwunderlich, normiert doch § 13 BGB, dass auf das Überwiegen des verbraucherischen Elements abzustellen ist. Das ist kein Wunder, weil der europäische Gesetzgeber in den Erwägungsgründen sowohl zur Verbraucherrecht-RL[32] als auch zur Wohnimmobilienkredit-RL[33] dieses Verständnis des Verbrauchers entwickelt hat, wenngleich ohne dadurch notwendig das prozessrechtliche Verständnis aufzugeben. Für das materielle Verbraucherrecht wird man „*Dual use*"-Geschäfte aber wie § 13 BGB zu erfassen haben, dass die Einordnung als Verbrauchergeschäft erst dort endet, wo der gewerbliche Zweck überwiegt. Dieser Umstand wird in der österreichischen Diskussion nicht immer hinreichend berücksichtigt.[34]

3.1.2 Wohnimmobilie – sonstige Sachen

Das „*Dual use*"-Problem kehrt in einer anderen Form wieder. Das HIKrG enthält Regelungen für Hypothekar- und Immobilienkreditverträge, die ein Unternehmer als Kreditgeber und ein Verbraucher als Kreditnehmer abschließen und der Kreditvertrag entweder hypothekarisch besichert wird, oder der Kredit für den Erwerb oder die Erhaltung[35] von Eigentumsrechten an einer Immobilie verwendet wird. Wie ist jedoch vorzugehen, wenn der Kredit bloß teilweise für die Anschaffung der Immobilie verwendet wird?

In einem ersten Schritt darf man dabei nicht zu engherzig sein. Was als Zubehör zum Haus gehört, ist mE ganz unkompliziert auch noch zum Erwerb des Eigentums an einer unbeweglichen Sache zu zählen und zwar unabhängig von der sachenrechtlichen Einordnung als unbeweglicher unselbständiger Bestandteil.[36] Auch die Neuanschaffung einer Küche für das neue Haus ist daher vom Anwendungsbereich des HIKrG umfasst.

Die Frage ist aber, was zu gelten hat, wenn andere Sachen angeschafft werden, also ein wirklicher „*Dual use*" der Kreditvaluta stattfindet. Rechtsprechung gibt es dazu noch nicht, die bisherigen Überlegungen in Österreich gehen in die

---

32 ErwGr 17 VKr-RL.

33 ErwGr 12 WIKr-RL.

34 Siehe aber *Perner/Spitzer/Kodek*, Bürgerliches Recht⁵ (2016) 43.

35 Mit Erhalt sind jedoch keine faktischen Instandhaltungsarbeiten gemeint, sondern rechtliche Schritte zur Erhaltung des Eigentumsrechts, zB Finanzierung einer Ausgleichszahlung (*Koch*, Das Hypothekar- und Immobilienkreditgesetz, immolex 2016, 102 [102] FN 2).

36 *Perner/Spitzer/Kodek*, Bürgerliches Recht⁵ 415.

Richtung, auch hier auf das Kriterium des Überwiegens abzustellen.[37] Das ist jedenfalls pragmatisch und nicht unplausibel. Für Banken empfiehlt sich aber zweifellos die Anwendung des strengeren Regimes.

3.2 Verbundene Kreditverträge

Bei der Frage, was geschützt ist, erscheinen noch zwei Aspekte erwähnenswert. Zunächst das Phänomen verbundener Kreditverträge. Beim drittfinanzierten Kauf führt die Aufspaltung von Kaufpreisforderung und Kreditforderung dazu, dass im Verbraucherkreditrecht ein Einwendungsdurchgriff stattfindet (§ 13 VKrG).[38] Sofern es sich um verbundene Kreditverträge handelt, also solche, die ganz oder teilweise der Finanzierung eines Vertrags über die Lieferung bestimmter Waren oder der Erbringung einer bestimmten Dienstleistung dienen, und die mit dem finanzierten Vertrag objektiv betrachtet eine wirtschaftliche Einheit bilden, kann auch die Kreditzahlung verweigert werden, wenn die Kaufpreiszahlung verweigert werden kann.

Vor Inkrafttreten des VKrG hat der OGH – ähnlich wie der BGH – einen Einwendungsdurchgriff bei Liegenschaftskäufen nur sehr zurückhaltend angenommen, nämlich nur bei einer besonders qualifizierten Verbindung von Kauf und Kredit, nicht schon bei bloßer wirtschaftlicher Einheit, etwa bei Kauf und Finanzierung im Paket. § 358 BGB geht davon immer noch aus.[39]

Das VKrG war dann als autonome Entscheidung des österreichischen Gesetzgebers ursprünglich auch auf Kredite für den Erwerb von Grundstücken sowie hypothekarisch besicherte Kredite anwendbar, hat sich beim Einwendungsdurchgriff jedoch auf die „Lieferung von Waren" beschränkt (§ 13 Abs 1 Z 1 VKrG). Den Materialien zufolge sollten Liegenschaften nicht miterfasst sein, da eine Liegenschaft nach dem juristischen Sprachgebrauch nicht „geliefert" wird.[40] Gleichzeitig betonen die Materialien aber, dass in bestimmten Konstellationen

---

37 Vgl *Dehn*, Hypothekar- und Immobilienkredite für Verbraucher in Leupold, Forum Verbraucherrecht 2016, 55 (57).

38 *Perner/Spitzer/Kodek*, Bürgerliches Recht^5 671.

39 Vor dem VKrG war der Einwendungsdurgriff in den §§ 18 und § 16c KSchG geregelt, einen Vergleich zur alten Rechtslage geben ua *Bollenberger*, Neue Verbraucherkredit-Richtlinie, Drittfinanzierung und Einwendungsdurchgriff, ÖBA 2008, 782 (783 f); *Lukas*, Verbundene Kreditverträge nach dem Verbraucherkreditgesetz in FS Reischauer (2010) 313 (316 ff); *Haidmayer*, Verbundene Kreditverträge (2013) 52 ff.

40 ErläutRV 650 BlgNR 24. GP 23.

eine analoge Anwendung nicht ausgeschlossen sei[41] – was für Materialien an sich ein origineller Hinweis ist. Das hat bei manchen zur Befürwortung der Analogie bei Grundstücken, bei anderen gerade zur Ablehnung geführt.[42] Egal wie man das gesehen hat, war es jedenfalls problematisch, schon die Bezeichnung des angeschafften Gutes im Kreditvertrag für die wirtschaftliche Einheit und damit den Einwendungsdurchgriff reichen zu lassen (§ 13 Abs 1 Z 2 VKrG), weil das bei einer Immobilienfinanzierung geradezu zwingend ist.

Seit dem HIKrG ist das VKrG auf solche Kreditverträge nunmehr nicht mehr anwendbar.[43] Die Materie wurden gesamt in ein neues Gesetz überführt, das – Fluch oder Segen der zersplitterten Umsetzung – den Einwendungsdurchgriff sowie die Drittfinanzierung überhaupt nicht mehr behandelt. Die Frage einer Analogie stellt sich erneut, diesmal allerdings auf noch wackligerem Boden, wobei dennoch eine besondere Beschäftigung mit dieser Frage in der Lit nicht zu verzeichnen ist.

3.3 Fremdwährungskredite

Das HIKrG enthält als Richtlinienumsetzung natürlich eine Bestimmung zu Fremdwährungskrediten, wobei zu bedenken ist, dass das klassische Fremdwährungskreditverständnis hier weiter zu ziehen ist. Denn ein Fremdwährungskredit liegt gem § 24 Abs 1 HIKrG nicht nur vor, wenn eine österreichische Bank einen Kredit nicht in EUR vergibt, sondern ebenso wenn der Kredit in EUR vergeben wird, der Verbraucher allerdings kein Einkommen in EUR bezieht.

Zum klassischen Fremdwährungskredit ist aus spezifisch österreichischer Sicht zu bedenken, dass sich die FMA der Vergabe solcher Fremdwährungskredite an Verbraucher in ihren Mindeststandards widmet. Dabei handelt es sich um ein Phänomen, das mit den EBA Guidelines vergleichbar ist. Die FMA gibt mittels Mindeststandards ihre „*Rechtsauffassungen*" kund „*sowie darüberhinausgehende praktische Verhaltensempfehlungen*". Wie bei den EBA Guidelines empfiehlt es sich natürlich, sich an die praktische Verhaltensempfehlung zu halten. Die Neuver-

---

41 ErläutRV 650 BlgNR 24. GP 23.

42 Für eine analoge Anwendung ua *Apathy/Riedler*, Schuldrecht BT^5 Rz 1/46; *Bollenberger* in Apathy/Iro/Koziol, Bankvertragsrecht IV^2 Rz 1/226, *Wendehorst/Zöchling-Jud*, Verbraucherkreditrecht § 13 VkrG Rz 11 ff; *Reidinger*, Drittfinanzierung in Festschrift 200 Jahre ABGB (2011) 553 (576). Krit hingegen *P. Bydlinski*, Drittfinanzierte Vermögensbeteiligung: „Trennungsklausel" wirksam?, RdW 1990, 401 (403).

43 § 4 Abs 2 Z 6 und 7 VKrG schließen jene Kredite, die dem HIKrG unterliegen, von der Anwendung des VKrG ausdrücklich aus.

gabe früher sehr beliebter klassischer Fremdwährungskredite findet in Österreich daher praktisch nicht mehr statt.[44]

4 Umsetzung in Österreich: Kreditwürdigkeitsprüfung

4.1 Anforderungen an die Prüfung

Während § 24 HIKrG über Fremdwährungskredite daher keine besonderen Probleme aufwirft, ist das beim Herzstück des HIKrG anders. § 9 HIKrG regelt die Prüfung der Kreditwürdigkeit des Verbrauchers. Eine Kreditgewährung ist – anders als nach § 7 VKrG – nur dann zulässig, wenn es nach der Kreditwürdigkeitsprüfung wahrscheinlich ist, dass der Kreditwerber seine Verpflichtungen in der gemäß dem Kreditvertrag vorgeschriebenen Weise erfüllt. Wer also nicht würdig ist, dem „darf" kein Kredit gewährt werden.

Die Bestimmungen zur Überprüfung lehnen sich eng an die zugrundeliegende Richtlinie an. Bei der Kreditwürdigkeitsprüfung geht es um die Bewertung der Aussicht, dass den Verpflichtungen aus dem Kreditvertrag nachgekommen wird.[45] Das HIKrG arbeitet wie die Richtlinie mit einer Vielzahl an unbestimmten Gesetzesbegriffen: Dass die Prüfung eingehend sein muss, wundert niemand. Dass die relevanten Faktoren angemessen zu berücksichtigen sind, auch nicht. Und dass sie auf der Grundlage notwendiger, ausreichender und angemessener Information zu Einkommen und Ausgaben und anderen finanziellen und wirtschaftlichen Umständen des Verbrauchers vorzunehmen ist, ist ebenso klar, jedoch wenig hilfreich. Insgesamt ist die überbordende Verwendung von Adjektiven nach manchen ja ein Zeichen für einen schlechten Autor, dem Mainstream europäischer Rechtsakte entspricht ein solcher Stil aber jedenfalls. Sinnlos ist dieser Zugang trotzdem: Wenn ein Gesetzestext die Berücksichtigung eines Faktors anordnet, ist die „Angemessenheit" der Berücksichtigung eigentlich selbstverständlich.

Die EBA weist in ihren Leitlinien noch darauf hin, dass es „solide Verfahren" braucht, dass bei saisonalen Einkommen und bei Selbständigen überhaupt angemessene Erkundigungen eingeholt und geeignete Schritte eingeleitet werden sollen, um die Informationen zu überprüfen, einschließlich der Ertragskraft und

44 Rz 34 der FMA-Mindeststandards zum Risikomanagement und zur Vergabe von Fremdwährungskrediten und Krediten mit Tilgungsträgern.

45 § 2 Abs 13 HIKrG.

der Prüfung der Dokumentation dieses Einkommens durch Dritte. Ganz explizit geht es dabei auch darum, falsche Angaben zu verhindern. Das ist mehr, als der EuGH in der Rs CA Consumer Finance/Bakkaus[46] zum Verbraucherkredit verlangt hat. Der EuGH erachtete dabei eine Bewertung der Kreditwürdigkeit des Verbrauchers einzig auf Grundlage der vom Verbraucher vorgelegten Informationen als zulässig, vorausgesetzt die Angaben sind ausreichend.[47]

Nicht ganz unwesentlich ist auch, dass die Kreditwürdigkeitsprüfung sich nicht hauptsächlich darauf stützen darf, dass der Wert der Immobilie den Kreditbetrag übersteigt.[48] Den Materialen zufolge soll der Schwerpunkt der Kreditwürdigkeitsprüfung auf der Fähigkeit des Verbrauchers liegen, seinen Verpflichtungen aus dem Kreditvertrag nachzukommen,[49] zukünftige *„denkbare negative Szenarien"* müssten daher ausreichend berücksichtigt werden. In Österreich ist das Thema, dass manche Kreditvergaben dadurch sehr schwierig werden, natürlich auch angekommen, die Kontroverse war in Deutschland aber weitaus größer.[50]

Wenn sich dafür in den EBA Leitlinien als Beispiel die Pensionierung und der damit einhergehende Einkommensverlust vorfindet, ist das deshalb wenig beruhigend, weil es so selbstverständlich ist. Natürlich würde die bevorstehende Pensionierung bei einer Kreditwürdigkeitsprüfung berücksichtigt werden. Wie andere Szenarien ausschauen sollen, ist eine schwierigere Frage. Die Leitlinien nennen hier als Beispiele einen möglichen Anstieg des Referenzzinssatzes bei variablen Hypotheken, eine negative Amortisation, Schlussraten oder aufgeschobene Tilgungs- oder Zinszahlungen. Es kann jedoch wohl nicht darauf abgestellt werden, ob der Verbraucher den Kredit auch bei Arbeitsplatzverlust oder Krankheit zurückzahlen kann, weil dann kaum mehr Kredite vergeben werden dürften.

Bemerkenswert ist, dass eine ungünstige Kreditwürdigkeitsprüfung nach dem HIKrG nicht bloß dazu führen soll, dass dem Kunden vom Kredit abgeraten wird; das VKrG spricht etwa noch davon, dass das Kreditinstitut den Verbraucher auf Bedenken hinzuweisen hat, sodass eine Warnpflicht besteht. Vielmehr darf die Bank den Kredit nur gewähren, wenn wahrscheinlich ist, dass der Vertrag erfüllt wird. Die RL sagt dazu in Art 18, dass der Kredit nur bei positiver Prüfung bereitgestellt werden darf.

---

46 EuGH C-449/13 (CA Consumer Finance/Bakkaus).

47 EuGH Rs C-449/13 Rn 33 ff (CA Consumer Finance/Bakkaus).

48 § 9 Abs 3 HIKrG.

49 ErwG 55 RL 2014/17/EU; ErläutRV 843 BlgNR 25. GP 6.

50 Dazu genauer *Wittig* in diesem Band (S. 99 ff).

4.2. Rechtsfolgen verbotswidriger Kreditvergabe

Ein Verstoß gegen dieses Kreditvergabeverbot ist einerseits verwaltungsstrafrechtlich sanktioniert,[51] davon abgesehen ist es den Mitgliedstaaten überlassen, Sanktionen vorzusehen die „*wirksam, verhältnismäßig und abschreckend*“ sind.[52] Es wird also wie beim Verbraucherkredit[53] zivilrechtliche Rechtsfolgen brauchen.[54] Was kommt dafür in Betracht?

4.2.1. Nichtigkeit wegen Gesetzwidrigkeit gem § 879 ABGB

Während sich der deutsche Gesetzgeber in § 505d BGB mit der Frage beschäftigt hat, schweigt der österreichische Gesetzgeber dazu. Es bleibt nur die Anwendung allgemeiner Regeln, die – nachdem die Norm die Kreditgewährung verhindern will – rasch zur Gesetzwidrigkeit des Vertrages nach § 879 ABGB (der Parallelbestimmung zu § 134 BGB) führt. Nicht jeder Vertrag, der in irgendeiner Weise gegen die Rechtsordnung verstößt, ist jedoch sofort nichtig. Nach hA[55] ist eine Nichtigkeit dann anzunehmen, wenn diese Rechtsfolge ausdrücklich angeordnet wird oder der Verbotszweck der übertretenen Norm die Ungültigkeit des Geschäftes verlangt. In § 9 Abs 5 HIKrG fehlt zwar eine ausdrückliche Nichtigkeitsanordnung jedoch ergibt sich diese im Auslegungsweg aus dem Normzweck.[56] Die

---

51 Gem § 30 HIKrG ist eine Geldstrafe bis zu EUR 100.000,– vorgesehen.

52 Art 38 WIKr-RL. Nach der Rsp des EuGH zur VKr-RL (EuGH C-565/12 [LCL Le Crédit Lyonnais SA]), ist eine zivilrechtliche Sanktion nicht abschreckend, wenn der vom Verbraucher bei Verletzung der Pflicht zur Kreditwürdigkeitsprüfung zu zahlende Zinssatz „*wesentlich geringer*“ ist als derjenige, der dem Kreditgeber zustünde, wenn er seiner Verpflichtung ordnungsgemäß nachgekommen wäre.

53 Aus der Rsp des EuGH zur VKr-RL ergibt sich eindeutig, dass eine Pflichtverletzung des Kreditgebers auch zivilrechtliche Konsequenzen haben kann (EuGH C-565/12 [LCL Le Crédit Lyonnais SA]).

54 So auch die einhellige Meinung in der Literatur: *Dehn* in Leupold, Forum Verbraucherrecht 2016, 55 (66); *Gelbmann*, Hypothekar- und Immobilienkreditgesetz, VbR 2016/46, 68 (70); *Harrich*, Neue Bestimmungen für Immobilienkredite, ZFR 2016/56, 122 (125 ff); *Koch*, immolex 2016, 102 (105); *Schamberger*, Rechtsfolgen eines Verstoßes gegen das Kreditvergabeverbot nach § 9 Abs 5 HIKrG, ÖBA 2016, 638 (638 ff); *Stabentheiner*, ÖJZ 2016, 151 (157 f).

55 RS0016454; RS0016840; *Gschnitzer* in Klang[2] IV/1, 179; *Bollenberger* in KBB[5] § 879 Rz 3; *Riedler* in Schwimann/Kodek[4] § 879 Rz 3; *Koziol – Welser/Kletečka*, Bürgerliches Recht I[14] Rz 551; *Krejci* in Rummel/Lukas[4] § 879 Rz 21; *Graf* in Kletečka/Schauer, ABGB-ON[1.02] § 879 Rz 3.

56 *Harrich*, ZFR 2016/56, 122 (126); zur Ermittlung des Normzwecks von § 9 Abs 5 HIKrG siehe *Schamberger*, ÖBA 2016, 638 (640 f).

Nichtigkeit ist als relative Nichtigkeit nur auf Einwand des Verbrauchers, zu berücksichtigen.[57]

4.2.2. Anfechtung wegen Willensmangel gem § 871 ABGB

Als Sanktion kommt neben einer Nichtigkeit des Vertrages auch ein Irrtum des Verbrauchers in Betracht. Der Verbraucher irrt zwar über seine eigene Zahlungskraft und unterliegt damit einem Motivirrtum, der bei entgeltlichen Geschäften grundsätzlich nicht zur Anfechtung berechtigt.[58] Natürlich ist die Abgrenzung zwischen Motiv- und Geschäftsirrtum aber eine Abgrenzung nach Risikosphären. Das Risiko eines Motivirrtums soll per se der Irrende selbst tragen und eben nicht sein Vertragspartner.[59]

Bedenkt man das, kann man die Zahlungsfähigkeit und damit Kreditwürdigkeit aber nicht so einfach der Risikosphäre des Verbrauchers zuweisen. Im Gegenteil, das Kreditinstitut wird hier gerade zu dessen Schutz eingespannt, was die Risikoverteilung ändert und den typischen Motivirrtum zum Geschäftsirrtum macht. Das ist vom Mechanismus her nicht ungewöhnlich, es ist wie sonst auf die Vertragswesentlichkeit abzustellen. Ein positivierter Anhaltspunkt dafür findet sich in § 871 Abs 2 ABGB, der normiert, dass Irrtümer über Umstände, über die der andere nach geltenden Rechtsvorschriften aufzuklären gehabt hätte, immer als Irrtum über den Inhalt des Vertrages (und damit als Geschäftsirrtum) angesehen werden. Dieser Irrtum wird bei Vorliegen einer Warnpflichtverletzung auch immer veranlasst sein und damit die Anfechtungsvoraussetzungen erfüllen.[60]

4.2.3 Schadenersatz wegen cic

Geht es um die Verletzung von Pflichten bei Vertragsanbahnung, ist klarerweise die Haftung aus *culpa in contrahendo* nicht weit. Eine Pflichtverletzung der Bank

57 Vgl *Schamberger*, ÖBA 2016, 638 (640 f).

58 *Leupold/Ramharter*, Die Verletzung der Pflicht zur Warnung vor mangelnder Kreditwürdigkeit nach dem Verbraucherkreditgesetz, ÖBA 2011, 469 (492).

59 *Rummel* in Rummel/Lukas[4] § 871 Rz 13; *Pletzer* in Kletečka/Schauer[1.02] § 871 Rz 19; *Riedler* in Schwimann/Lukas[4] § 871 Rz 14; *Bollenberger* in KBB[5] § 871 Rz 7; *Kramer*, Zur Unterscheidung zwischen Motiv- und Geschäftsirrtum, ÖJZ 1974, 452 (456).

60 *Heinrich* in Schwimann/Kodek § 7 VKrG Rz 60; *Pesek*, Verbraucherkreditvertrag 91; *Koziol* in Apathy/Iro/Koziol, BVR[2] I Rz 3/49; *Foglar-Deinhardstein*, Die Bonitätsprüfung beim Verbraucherkredit (§ 7 VKrG) Rz 503.

ohne Verschulden, das in der Situation auch noch gem § 1298 ABGB vermutet wird, ist kaum denkbar. Die *culpa in contrahendo* kann nach österreichischem Verständnis den Vertragsabschlussschaden (den „verbotene Vertrag")[61] sanieren, indem es zur schadenersatzrechtlichen Vertragsaufhebung (als Form der Naturalrestitution) kommt.

Es fehlt nicht an Vorstellungen darüber, welche zivilrechtlichen Folgen eine Verletzung der Kreditwürdigkeitsprüfung haben könnte.

4.2.4 Rückabwicklung

Diese Ansätze schließen sich wechselseitig auch nicht aus. Alle drei können zur Vertragsaufhebung, Schadenersatz und Irrtum auch zur Anpassung des Vertrages führen. Fraglich ist in weiterer Folge jedoch, wie vor allem bei einer Vertragsaufhebung vorzugehen ist.

Es gibt nicht viel, was dem Schuldner sein Zahlungsziel erhalten könnte, im Vergleich zur deutschen Rechtslage fehlt in Österreich ein § 817 S 2 BGB, der sehr kunstvoll fruchtbar gemacht wird, um dieses Problem zu lösen.

Ohne Kreditbegünstigung wäre die Kreditvaluta zurückzubehalten, ggf gesetzliche Zinsen iHv 4 %. Wer den Kredit also bei ordnungsgemäßer Bonitätsprüfung nicht über 25 Jahre abstottern kann, soll ihn jetzt aus dem Stand zurückzahlen? Wie soll das gehen? Eine solche Vertragsaufhebung wäre natürlich ein Danaergeschenk. Diese Lösung passt schon nicht zum Schutzzweck[62] der Umsetzungsnorm und sie ist ganz sicher auch nicht wirksam und abschreckend im Sinne des Europarechts.

Mangels einschlägiger gesetzgeberischer Hinweise für das HIKrG bleibt nur, den Fundus zu plündern. Der ist durchaus gefüllt, denn die Frage war bereits zum

---

61 Zu § 7 VKrG bereits *Dehn*, Die neue Verbraucherkredit-Richtlinie: Geltungsbereich – Umsetzungsoptionen – Sanktionen, ÖBA 2009,185 (195) FN 83; *Zöchling-Jud*, Prüfung der Kreditwürdigkeit des Verbrauchers, ecolex 2010, 525 (528); *Zöchling-Jud* in Wendehorst/Zöchling-Jud, Verbraucherkreditrecht § 7 VKrG Rz 45; *Leupold/Ramharter*, ÖBA 2011, 469 (479, 482ff); *Weissel*, Kreditvergabe und Kreditwürdigkeitsprüfung nach § 7 VKrG, ZFR 2011/167, 294 (298); *Dehn* in Apathy/Iro/Koziol, Bankvertragsrecht IV^2 Rz 2/85; *Pesek*, Verbraucherkreditvertrag 158 ff; *Foglar-Deinhardstein*, Bonitätsprüfung Rz 380 ff; *Heinrich*, Bonitätsprüfung im Verbraucherkreditrecht (2014) 158 f; *Heinrich* in Schwimann/Kodek^4 § 7 VKrG Rz 40; *Pesek* in Klang^3 § 7 VKrG Rz 72.

62 Vgl die Rs C-565/12 (LCL Le Crédit Lyonnais SA) in der der EuGH aussprach, dass die vorvertragliche Verpflichtung des Kreditgebers zur Kreditwürdigkeitsprüfung auf den Schutz des Verbrauchers vor der Gefahr der Überschuldung und der Zahlungsunfähigkeit abzielt.

VKrG Gegenstand kontroverser Diskussionen, auf den dort vorhandene Meinungsstand kann auch im Anwendungsbereich der HIKrG rekurriert werden.[63]

Manche wollen zum VKrG eine Rückabwicklung nur soweit zulassen, sofern dem Verbraucher ein klarer Vorteil entstanden ist. Also etwa nicht, wenn die angeschaffte Sache an Wert verloren hat.[64]

Wer sich etwas Wertbeständiges kauft, ist damit besser dran als der Casinogeher. Ein solches Konzept verfolgt das österreichische Recht nur für die Bereicherung von Geschäftsunfähigen. Ganz so weit ist der Verbraucher aber nicht, auch wenn ihn manche Regelungen so behandeln. Man darf auch bei den europäischen Vorgaben nicht aus den Augen verlieren, dass Abschreckung und Wirksamkeit auch von Verhältnismäßigkeit begleitet werden. Gleichzeitig hat dieser Ansatz, der zum VKrG entwickelt wurde, gerade bei der Anschaffung von Immobilien den Nachteil, dass der Wert oft noch da sein und damit dem Verbraucher gar nicht so sehr geholfen wird.

Ein anderer Ansatz geht dahin, dass der Richter dem Verbraucher einen für ihn passenden Rückzahlungsplan ausarbeitet, die Ratenhöhe ändert oder den Rückzahlungsplan erstreckt. Wenn man dabei Aspekte der Praktikabilität außer Acht lässt, stellt sich vor allem die Frage, wie es dafür irgendeine gesetzgeberische Basis geben soll.

Ein gesetzesnäherer Ansatz, der auch zum VKrG plausibel war, wäre die analoge Anwendung des § 7 Abs 2 WucherG.[65] An sich ist ein wucherischer Vertrag nichtig, beim Kreditwucher hat der Gesetzgeber aber erkannt, dass die Nichtigkeit der Kreditbegünstigung für den Kreditnehmer untragbar wäre und ihn von der Geltendmachung des Wuchers abhalten könnte. Der österreichische Gesetzgeber löst das Problem, was in Deutschland § 817 BGB leistet, indem er die ursprünglich vertraglich vereinbarten Zahlungsfristen beibehält, die Zinsen aber auf den doppelten Basiszinssatz mindert. Dem haben sich für den Verbraucherkredit viele Autoren angeschlossen und auch im HIKrG scheint das die überwiegende Lösung

---

63 Vgl *Foglar-Deinhardstein*, Bonitätsprüfung Rz 438 ff, *Heinrich*, Bonitätsprüfung 203 ff; *Dehn* in Apathy/Iro/Koziol, Bankvertragsrecht IV^2 Rz 2/71 ff; *Leupold/Ramharter*, ÖBA 2011, 469 (481 f).

64 So *Heinrich* in Schwimann/Kodek^4 § 7 VKrG Rz 57, der sich für einen möglichen (teilweisen) Entfalls der Rückzahlungsverpflichtung ausspricht, wenn dem Schaden (hier: die sofortige Rückzahlungsverpflichtung des Kreditnehmers) kein durch die Valuta bleibender und wertbeständiger Vorteil gegenübersteht, dieser ist iSd Grundsätze zur aufgedrängten Bereicherung zu bewerten.

65 So bereits zum VKrG *Spitzer*, Die Pfandverwertung im Zivil- und Handelsrecht (2004) 56 f; *Perner/Spitzer*, Das Darlehens- und Kreditrechtsänderungsgesetz (DaKRÄG), ZIK 2010/245, 171 (173) FN 61.

zu sein.[66] Die Lösung ist im Ergebnis auch mit der in Deutschland in § 505d BGB kodifizierten Regelung vergleichbar.

Im Detail lassen sich noch Differenzierungen ausmachen. Manche Autoren befürworten etwa eine Absenkung des gesetzlich vorgesehenen Zinssatzes auf den einfachen Basiszinssatz,[67] weil der doppelte vor dem Hintergrund europäischer Vorgaben zu hoch sei. Das macht sicher alles abschreckender und wirksamer, lässt sich mit nationaler Methodik aber nur schwer erreichen und auch durch richtlinienkonforme Rechtsfortbildung nicht begründen. Warum der einfache Basiszinssatz? Warum nicht der halbe oder noch weniger? Oder überhaupt ein anderer Zinssatz?

Das sind – durchaus ausschlaggebende, aber dann doch – Details, im Grundsatz besteht Einigkeit, dass die Kreditbegünstigung sich nicht in Luft auflösen kann, weil sonst ein massives Effektivitätsproblem die zivilrechtliche iSv verbraucherschützende Wirksamkeit dieser Verbraucherschutz-RL ad absurdum führen würde.

---

66 Bereits zum VKrG *Jud*, Die neue Verbraucherkreditrichtlinie, ÖJZ 2009/96, 887 (891) FN 53; *Spitzer*, Die Pfandverwertung im Zivil- und Handelsrecht 56 f; *Perner/Spitzer*, ZIK 2010/245, 171 (173) FN 61; *Dehn* in Apathy/Iro/Koziol, BVR IV^2 Rz 2/80 ff; *Pesek*, Verbraucherkreditvertrag 181 ff; sowie zum HIKrG *Schamberger*, ÖBA 2016, 638 (647 f).

67 *Foglar-Deinhardstein*, Zum Kreditvergabeverbot nach § 9 Abs 5 HIKrG: Ein scharfes Schwert mit stumpfer Klinge?, VbR 2017/31, 44 (48).

Judith Wittig

Erfahrungen mit der Umsetzung der Wohnimmobilienkreditrichtlinie in *Deutschland*

Dieser Beitrag knüpft an die auf dem Bankrechtstag 2016 von *Schmolke*[1] und *Binder*[2] gehaltenen Vorträge zu dem damals gerade in Kraft getretenen deutschen Umsetzungsgesetz der Wohnimmobilienkreditrichtlinie und an den auf dem Bankrechtstag 2018 gehaltenen Vortrag von *Spitzer* zur Umsetzung der

Judith Wittig, Syndikus, Deutsche Bank AG, Frankfurt a. M.

1 *Schmolke*, Neue Informations- und Beratungspflichten (einschließlich Kreditwürdigkeitsprüfung) durch das Wohnimmobilienkreditrichtlinie-Umsetzungsgesetz, Bankrechtstag 2016, Schriftenreihe der Bankrechtlichen Vereinigung, Bd. 38, S. 45.
2 *Binder*, Neuordnungen im Verbraucherkreditrecht durch das Wohnimmobilienkreditrichtlinie-Umsetzungsgesetz, Bankrechtstag 2016, Schriftenreihe der Bankrechtlichen Vereinigung, Bd. 38, S. 3.

https://doi.org/10.1515/9783110641103-006

Wohnimmobilienkreditrichtlinie in Österreich an. Etwaige Überschneidungen zu den 2016 gehaltenen Vorträgen lassen sich daher leider nicht vermeiden. Gegenstand dieses Beitrags werden die ersten Erfahrungen mit dem Umsetzungsgesetz in Deutschland seit seinem Inkrafttreten im März 2016 sein.

Am 9. Juni 2018, also ca. 2 Jahre nach dem Inkrafttreten des Umsetzungsgesetzes, titelte die Frankfurter Allgemeine Zeitung auf Seite 29 im Finanzmarktteil: „Ältere Menschen kommen wieder leichter an Baukredite". Was war dieser Nachricht vorausgegangen?

Bevor dieser Frage nachgegangen wird, soll im Folgenden ein kurzer Überblick über das Umsetzungskonzept für europäische, dem Verbraucherschutz dienende Richtlinien in Deutschland gegeben werden.

1 Überblick über das deutsche Umsetzungskonzept

1.1 Umsetzung europäischer Richtlinien zum Verbraucherschutz in deutsches Recht

Das deutsche Verbraucherdarlehensrecht wird maßgeblich von vier europäischen Richtlinien beeinflusst: Der Richtlinie über den **Fernabsatz von Finanzdienstleistungen**[3] (2002/65/EG), der **Verbraucherkreditrichtlinie** (2008/48/EG)[4], der **Verbraucherrechterichtlinie**[5] (2011/83/EU) und der **Wohnimmobilienkreditrichtlinie**[6] (2014/17/EU).

Die Richtlinien wurden vor allem durch Änderungen des deutschen Zivilrechts, insbesondere des Bürgerlichen Gesetzbuchs (BGB) und des Einführungsgesetzes zum Bürgerlichen Gesetzbuch (EGBGB) umgesetzt, da sich seit dem 1. Januar 2002 mit Inkrafttreten des Schuldrechtsmodernisierungsgesetzes[7] alle verbraucherschützenden Vorschriften, die bis dahin in eigenen Gesetzbüchern[8] geregelt wurden, im Bürgerlichen Gesetzbuch finden lassen. Im Bürgerlichen Gesetzbuch und dem Einführungsgesetz zum Bürgerlichen Gesetzbuch sind die

3 ABl. EU L 271 v. 9.10.2002, S. 16.
4 ABl. EU L 133 v. 23.04.2007, S. 66.
5 ABl. EU L 304 v. 22.11.2011, S. 64.
6 ABl. EU L 60 v. 04.02.2014, S. 34.
7 Gesetz zur Modernisierung des Schuldrechts v. 26.11.2001, BGBl. 2001 Teil I, 3138.
8 Z.B. Verbraucherkreditgesetz v. 29.06.2000, BGBl. 2000 Teil I S. 940; Haustürwiderrufsgesetz v. 27.06.2000, BGBl. 2000, Teil I S. 897; Teilzeit-Wohnrechte-Gesetz v. 20.12.1996, BGBl. 1996 Teil I S. 2154; AGB-Gesetz v. 29.06.2000, BGBl. 2000 Teil I S. 946.

Vorschriften zum **Verbraucherdarlehensrecht**, zum **Widerrufsrecht** und zu den **besonderen Vertriebsformen**, wie dem **Fernabsatz** von Finanzdienstleistungen und den **Abschlüssen von Verbraucherverträgen außerhalb von Geschäftsräumen** verortet. Konzeptionell finden sich die rechtsbegründenden und rechtsverpflichtenden Regelungen im Bürgerlichen Gesetzbuch (§§ 491 ff Verbraucherdarlehensvertrag, § 355 BGB Widerrufsrecht, § 312 Verbraucherverträge und besondere Vertriebsformen §§ 312b und 312c BGB) und die rechtsausfüllenden Bestimmungen (das „Wie") im Einführungsgesetz zum Bürgerlichen Gesetzbuch (Inhalt, Umfang und Form der vorvertraglichen, vertraglichen und laufenden Informationspflichten zum Verbraucherdarlehensvertrag und inhaltliche Ausgestaltung des Widerrufsrechts, Art. 247 EGBGB, allgemeine Informationspflichten zum Immobiliar-Verbraucherdarlehensvertrag und zu geduldeten und eingeräumten Überziehungsmöglichkeiten, Art. 247a EGBGB; vorvertragliche Informationspflichten bei Finanzdienstleistungsverträge im Fernabsatz und bei außerhalb der Geschäftsräume abgeschlossenen Verträgen, Art. 246b EGBGB).

Diese Systematik hat der deutsche Gesetzgeber erstmalig bei der Umsetzung der ersten Zahlungsdiensterichtlinie und der Verbraucherkreditrichtlinie angewandt und sie seitdem konsequent weiterverfolgt. Auf diese Weise sah er eine Möglichkeit, einerseits die Rechte und Pflichten dem Grunde nach zu regeln und andererseits die zahlreichen Informationen, die die Richtlinien dem **Informationsmodell**[9] folgend mit sich brachten, als „technische Vorschriften" mit Gesetzesrang ins deutsche Recht zu integrieren[10].

Daneben bestehen Regelungen im **öffentlichen Recht:** die aufsichtsrechtliche Pflicht zur Kreditwürdigkeitsprüfung eines Verbrauchers vor Vergabe eines Verbraucherdarlehens im **Kreditwesengesetz** (§ 18a KWG), die Vorschriften zur Berechnung des effektiven Jahreszinses (§ 6a PAngV) und zur Werbung für einen Verbraucherdarlehensvertrag in der **Preisangabenverordnung** (§§ 6, 6a bis c PAngV) und die Vorschriften zur Erlaubniserteilung bei einem Darlehensvermittler in der **Gewerbeordnung** (§§ 34c und 34i GewO).

---

9 *Schnauder*, – Vom „bürgerlichen" Darlehensvertrag zum Verbraucherkreditvertrag –, WM 2014, 783.

10 *Ady/Paetz*, Die Umsetzung der Verbraucherkreditrichtlinie in deutsches Recht und besondere verbraucherpolitische Aspekte, WM 2009, 1061.

1.2 Umsetzung der Wohnimmobilienkreditrichtlinie in deutsches Recht

Mit der Umsetzung der Wohnimmobilienkreditrichtlinie ins deutsche Recht wurden **neue Begrifflichkeiten** ins Gesetz eingeführt. Danach werden Verbraucherdarlehensverträge in **Allgemein-Verbraucherdarlehensverträge** (§ 491 Abs. 2 BGB) und **Immobiliar-Verbraucherdarlehensverträge** (§ 491 Abs. 3 BGB) unterteilt. Der Verbraucherdarlehensvertrag ist nunmehr der Oberbegriff[11] (§ 491 Abs. 1 BGB). Bei beiden Darlehensverträgen handelt es sich um entgeltliche Darlehensverträge zwischen einem Verbraucher (§ 13 BGB) als Darlehensnehmer und einem Unternehmer (§ 14 BGB) als Darlehensgeber. Das deutsche Gesetz definiert die beiden Vertragsparteien im allgemeinen Teil des Bürgerlichen Gesetzbuchs und lehnt sich bei dem Begriff des Verbrauchers im Wesentlichen an den Verbraucherbegriff an, wie er in den europäischen Richtlinien verwendet und definiert wird[12]. Er lässt aber gleichzeitig zu, dass der Zweck des gegenständlichen Rechtsgeschäfts nicht ausschließlich außerhalb einer gewerblichen oder selbständigen Tätigkeit liegt, es reicht, wenn der Zweck überwiegend privat veranlasst ist.

Nach § 13 BGB ist Verbraucher *„jede natürliche Person, die ein Rechtsgeschäft zu Zwecken abschließt, die überwiegend weder ihrer gewerblichen noch ihrer selbständigen beruflichen Tätigkeit zugerechnet werden können.“*. Schließt eine natürliche Person einen entgeltlichen Darlehensvertrag ab, entscheidet sich über den Zweck der Darlehensaufnahme und Handlungsrahmen, in welchem der Darlehensvertrag abgeschlossen wird, ob es sich um einen Verbraucherdarlehensvertrag handelt oder nicht. Nimmt eine juristische Person ein Darlehen auf, liegt kraft Gesetzes kein Verbraucherdarlehensvertrag vor, weil der Darlehensnehmer in diesem Fall immer Unternehmer ist (§ 14 BGB). Zu der Frage, wann eine natürliche Person als Unternehmer oder als Verbraucher bei Abschluss des Darlehensvertrags handelt, entfacht sich regelmäßig eine Diskussion, insbesondere, wenn es sich um Fallgestaltungen handelt, in denen die Abgrenzung von noch privatem Handeln (z. B. private Vermögensverwaltung) oder einem bereits gewerblichen Handeln (z. B. gewerbs- oder berufsmäßige Vermögensverwaltung) nicht eindeutig erfolgen kann. Nach der Rechtsprechung des BGH ist das ausschlaggebende Kriterium für die Abgrenzung der **privaten** von einer **berufsmäßigen Vermögensverwaltung** der Umfang der mit der Vermögensverwaltung

---

11 *Schürnbrand* im MünchKomm, BGB, 2017, § 491 Rn. 1; *Kraatz/Klevenhagen*, Die Umsetzung der Wohnimmobilienkreditrichtlinie – ein Überblick, BKR 2017, S. 45.

12 Art. 3a) Verbraucherkreditrichtlinie; die Wohnimmobilienkreditrichtlinie verweist auf Art. 3a der Verbraucherkreditrichtlinie und verwendet somit denselben Verbraucherbegriff, Art. 4 Nr. 1 Wohnimmobilienkreditrichtlinie.

verbundenen Geschäfte. Erfordern diese einen planmäßigen Geschäftsbetrieb, wie etwa die Unterhaltung eines Büros oder einer betrieblichen Organisation, so liegt eine gewerbliche Betätigung vor[13].

Findet das Verbraucherdarlehensrecht Anwendung, sind die Vorschriften zum Verbraucherdarlehensrecht, soweit sie auf Europäisches Gemeinschaftsrecht zurückzuführen sind, **richtlinienkonform auszulegen.** Bei Allgemein-Verbraucherdarlehensverträgen ist hierfür die Verbraucherkreditrichtlinie heranzuziehen und bei Immobiliar-Verbraucherdarlehensverträgen die Wohnimmobilienkreditrichtlinie. Aber auch bei Vorschriften, die ihren Regelungsgrund nicht in den Richtlinien haben, sind die Richtlinien bei der Auslegung der Vorschriften insoweit zu berücksichtigen, als nationale Besonderheiten nicht im Widerspruch zu den europäischen Zielsetzungen der Richtlinien stehen dürfen. Als Beispiel kann hierfür das neu eingeführte Pflichtangebot zur Beratung bei fortgesetzter Inanspruchnahme einer eingeräumten Überziehungsmöglichkeit nach § 504 Abs. 2 BGB genannt werden. Hier stellt sich zu Recht die Frage, ob dieses Pflichtangebot noch im Einklang mit der grundsätzlich vollharmonisierenden Verbraucherkreditrichtlinie steht[14], die bei der Inanspruchnahme einer eingeräumten Überziehung oder einer geduldeten Überziehung (§ 505 BGB) zwar gesonderte Informationspflichten, aber keine Beratungspflicht für den Darlehensgeber vorsieht[15].

Entsprechend den Richtlinien sind Allgemein-Verbraucherdarlehensverträge und Immobilar-Verbraucherdarlehensverträge strikt voneinander getrennt.

Nach der **Definition** des § 491 Abs. 3 Satz 1 BGB liegt ein **Immobiliar-Verbraucherdarlehensvertrag** vor, wenn das Darlehen entweder durch ein Grundpfandrecht oder eine Rentenschuld gesichert wird oder dem Zweck dient, das Eigentumsrecht an einem Grundstück, grundstücksgleichen Recht oder an einem bestehenden oder zu errichtenden Gebäude zu erwerben oder zu erhalten. Damit weicht der neue Begriff des Immobiliar-Verbraucherdarlehensvertrags von dem vorherigen Begriff des **Immobiliardarlehensvertrags** (§ 503 BGB a. F.) ab. Nach dem bis zum 20. März 2016 geltenden Recht lag ein solcher Vertrag nur vor, wenn die Kreditvergabe von der Bestellung eines Grundpfandrechts abhing und im Übrigen zu den für diese Art des Darlehens üblichen Konditionen gewährt wurde. Auf die tatsächliche Bestellung kam es nicht an, sondern es reichte, wenn

13 BGH v. 20.02.2018 – XI ZR 445/17, Rn. 21, juris.

14 Der Gesetzgeber hat diese Frage bejaht, BT-Drucks. 18/5922, S. 95.

15 *Schmolke*, Neue Informations- und Beratungspflichten (einschließlich Kreditwürdigkeitsprüfung) durch das Wohnimmobilienkreditrichtlinie-Umsetzungsgesetz, Bankrechtstag 2016, Schriftenreihe der Bankrechtlichen Vereinigung, Bd. 38, S. 88.

der Darlehensnehmer verpflichtet war, ein Grundpfandrecht zur Besicherung des Darlehens zu bestellen[16].

Der **Immobiliar-Verbraucherdarlehensvertrag** unterliegt anderen Regeln. Der Gesetzgeber hat die Richtlinie überschießend ins deutsche Recht überführt. Unabhängig von der Nutzungsart der Immobilie finden die Vorschriften auf entgeltliche Darlehensverträge zwischen einem Verbraucher und einem Unternehmer Anwendung, soweit ein Sicherungsrecht (Grundpfandrecht oder Rentenschuld) an einer Immobilie bestellt wird, auch als Drittsicherheit durch einen Grundstückseigentümer, der nicht gleichzeitig der Darlehensnehmer sein muss, oder mit dem Darlehen der Erwerb oder die Erhaltung von Eigentumsrechten an einer Immobilie finanziert wird. Das grundstücksgleiche Recht (z. B. Wohnungseigentum oder Erbbaurecht) und ein auf dem Grundstück zu errichtendes oder zu erwerbendes Gebäude werden dem Grundstück in diesem Zusammenhang gleichgestellt.

Kann das Vorliegen eines entgeltlichen Immobiliar-Verbraucherdarlehensvertrags ausgeschlossen werden und handelt es sich bei dem gegenständlichen Darlehensvertrag um einen entgeltlichen Darlehensvertrag zwischen einem Verbraucher und einem Unternehmer, finden grundsätzlich die Vorschriften zum **Allgemein-Verbraucherdarlehensvertrag** Anwendung, es sei denn, der Vertrag fällt unter die Ausnahmeregelungen in § 491 Abs. 2 Satz 2 Nr. 1 bis 6 BGB[17].

Neu ist, dass auf **unentgeltliche Darlehensverträge** zwischen einem Verbraucher und einem Unternehmer das Verbraucherdarlehensrecht teilweise anwendbar ist (§ 514 BGB). Dies ist auf eine Entscheidung des BGH[18] zurückzuführen, in der er die Anwendbarkeit des Verbraucherdarlehensrechts alter Fassung auf unentgeltliche Darlehensverträge, die einem Verbraucher zur Verfügung gestellt werden, so genannte „Null-Prozent-Finanzierungen", verneint hatte. Der BGH begründete dies damit, dass Gegenstand der Regelungen ausschließlich entgeltliche Darlehensverträge seien, so dass bei Darlehensverträgen, bei dem der Verbraucher für die Kapitalnutzung keinen Zins und kein sonstiges Entgelt zu zahlen hatte, nicht in den Anwendungsbereich des Verbraucherdarlehensrechts fielen. Diese nach alter Rechtslage zutreffende Rechtsprechung war in der Literatur[19] kritisiert worden, so dass der Gesetzgeber nunmehr eine teilweise Anwendbarkeit für unentgeltliche Darlehensverträge vorgesehen hat. Der Unter-

16 *Schürnbrand* in MünchKomm, BGB, 2016, § 503 Rn. 7 mwN.

17 *Piekenbrock*, Die geplante Umsetzung der Wohnimmobilienkreditvertragsrichtlinie, GPR 2015, 26.

18 BGH v. 30.09.2014 – XI ZR 68/13, WM 2014, 2091.

19 *Schürnbrand*, Nullprozent-Finanzierung als Herausforderung als Herausforderung für das Verbraucherkreditrecht, ZIP 2015, 249.

nehmer ist danach verpflichtet, bei unentgeltlichen Darlehen oder unentgeltlichen Finanzierungshilfen die **Kreditwürdigkeit des Verbrauchers** zu prüfen und ihm ein **Widerrufsrecht** einzuräumen (§§ 514, 515 BGB). Diese Neuregelung wird damit gerechtfertigt, dass der Verbraucher durch die Unentgeltlichkeit des Darlehens verleitet sein könnte, unüberlegt und leichtfertig einen Kredit aufzunehmen, ohne sich seiner Rückzahlungspflicht hinreichend bewusst zu sein[20]. Es bestünde daher eine erhöhte Gefahr der Überschuldung, so dass der Unternehmer vor Abschluss des Vertrags die Kreditwürdigkeit prüfen müsse und der Verbraucher das Recht haben solle, einen übereilt geschlossenen Darlehensvertrag zu widerrufen. Die umfangreichen vorvertraglichen Informationspflichten und das Schriftformerfordernis sind aber bewusst bei diesem Vertragstypus von der Anwendung ausgespart[21].

Die aufgrund der Wohnimmobilienkreditrichtlinie neu eingeführten Regelungen erlegen dem Unternehmer als Darlehensgeber (und teilweise als Darlehensvermittler) vor allem **vorvertragliche Pflichten und Verhaltenspflichten** auf: Danach darf z. B. die **Werbung** mit Verbraucherdarlehensverträgen nicht irreführend sein und müssen der Redlichkeit und Eindeutigkeit genügen[22], außerdem sind weitere Informationen bei der Werbung geschuldet (§ 6a Abs. 1 und 2 PAngV); der Unternehmer muss **allgemeine Informationen** zu seinem Angebot von Immobiliar-Verbaucherdarlehensverträgen bereithalten (Art. 247a § 1 EGBGB) und Angebots spezifische **vorvertragliche Informationen** (Art. 247 § 1 Abs. 2 EGBGB) zur Verfügung stellen; er schuldet dem Verbraucher gegenüber **Erläuterungen** zu seinem konkreten Vertragsangebot, zu den Auswirkungen des angebotenen Vertrags und zu den etwaigen Folgen eines Zahlungsverzugs, § 491a Abs. 3 BGB. Vorab hat er die Pflicht, den Verbraucher auf die zwingend durchzuführende Kreditwürdigkeitsprüfung hinzuweisen (Art. 247 § 1 Abs. 1 EGBGB). Darüber hinaus bestehen Informationspflichten **während** des Vertragsverhältnisses, zum Beispiel die Informationen zu Wechselkursveränderungen bei **Fremdwährungsdarlehen** (§ 493 Abs. 4 BGB i.V.m. § 503 BGB). Zusätzlich hat der Gesetzgeber die **Beratungsleistung** im Zusammenhang mit einem Immobiliar-Verbraucherdarlehensvertrag normiert (§ 511 BGB), um Artikel 22 der Wohnimmobilienkreditrichtlinie ins deutsche Recht zu überführen. Eine Pflicht zur Beratung soll jedoch nicht bestehen[23].

---

20 *Schürnbrand* in MünchKommentar, BGB, 2017, § 514 Rn. 1.

21 *Schürnbrand* in MünchKommentar, BGB, 2017, § 514 Rn. 2.

22 *Kraatz/Klevenhagen*, Die Umsetzung der Wohnimmobilien-Kreditrichtlinie – ein Überblick, BKR 2017, 45, 46.

23 BT-Drs. 18/5922, S. 105.

Ins Gesetz aufgenommen wurde der Begriff des grundsätzlich verbotenen (§ 492a Satz 1 BGB), aber in konkreten Fallgestaltungen zulässigen **Kopplungsgeschäfts** (§ 492b BGB). Das erlaubte **Bündelungsgeschäft** wird im Gesetz beschrieben (§ 492a Abs. 1 Satz 2 BGB), jedoch nicht als solches definiert. Das dem Richtliniengeber regelungsbedürftig erschienene Fremdwährungsdarlehen (Art. 23 der Wohnimmobilienkreditrichtlinie) wird in § 503 BGB geregelt.

Hinzu kommen Vorschriften zur **innerbetrieblichen Organisation**, wie Verhaltensregeln, Regelungen zur Vergütungsstruktur und zur Ausbildung des mit Immobiliar-Verbraucherdarlehensverträgen befassten Personals (§ 18a Abs. 6 und 8 KWG). Für die Ausübung des Berufs als Darlehensvermittler von Immobiliar-Verbraucherdarlehensverträgen bedarf es nun einer gewerberechtlichen Zulassung (§ 34i GewO), die nur bei Nachweis einer entsprechenden Qualifikation, der Zuverlässigkeit und dem Nachweis einer abgeschlossenen Vermögenshaftpflichtversicherung erteilt werden darf.

Zusammenfassend ist also festzustellen, dass mit der Umsetzung der Wohnimmobilienkreditrichtlinie umfangreiche Neuerungen des Verbraucherdarlehensrechts einhergingen, was aber angesichts der Regelungsfülle bzw. des „Sammelsuriums" an Vorschriften[24], die in der Richtlinie enthalten sind, nicht verwunderlich ist. Im Februar 2016 wies daher die Bundesregierung auf ihrer Website darauf hin, dass die Wohnimmobilienkreditrichtlinie umgesetzt und **mehr Verbraucherschutz** bei Immobilienkrediten und Dispositionskrediten bestehen werde. So seien beispielsweise die vorvertraglichen Informationspflichten der Kreditgeber erhöht worden und es bestünde künftig für den Kreditgeber die Verpflichtung, die Kreditwürdigkeit vor Kreditvergabe sorgfältig zu prüfen. Werde gegen diese Pflicht verstoßen, könne der Kreditnehmer den Kredit wieder kündigen und müsse keine Vorfälligkeitsentschädigung zahlen[25].

Trotz dieser optimistischen Ankündigung des neuen Gesetzes, wurden kurz nach dessen Inkrafttreten Stimmen in der Presse laut, die sich kritisch zu dem Umsetzungsgesetz äußerten und vor allem die angekündigten Vorteile für den Verbraucher in Zweifel zogen[26].

---

24 *Piekenbrock*, Die geplante Umsetzung der Wohnimmobilienkreditvertragsrichtlinie, GPR 2015, 26 ff.

25 www.bundesregierung.de/Content/DE/Artikel/2015-07-15-mehr -schutz-bei-krediten.html.

26 *Omlor*, Neuregelung der Finanzierung von Wohnimmobilien, NJW 2017, 1633; *Schmolke*, a. a. O., S 52.

2 Diskussion über das Umsetzungsgesetz und möglicher Hintergrund der Kritik

2.1 Kritikpunkte an dem Umsetzungsgesetz und Reaktion des Gesetzgebers

Glaubt man den Stimmen in der Presse[27], waren vor allem junge Familien und ältere Menschen von einer (neuen) Zurückhaltung der Kreditinstitute bei der Kreditvergabe von Eigenheimfinanzierungen betroffen. Gründe für die Zurückhaltung lagen Angabe gemäß darin, dass bei der Kreditwürdigkeitsprüfung ausschließlich auf die Zahlungsfähigkeit des Verbrauchers abgestellt werden müsse und der Wert der Immobilie keine oder nur eine untergeordnete Rolle spielen dürfe. Die in Art. 18 Abs. 3 der Wohnimmobilienkreditrichtlinie vorgesehene Erleichterung, dass bei **Bau- und Renovierungsdarlehen** der Wert der Immobilie oder etwaige Wertsteigerungen berücksichtigt werden können, war ins deutsche Gesetz nicht aufgenommen worden.

Darüber hinaus wurde bemängelt, dass die in der Richtlinie ausdrücklich vorgesehene Ausnahme der sogenannten **Immobilienverzehrkredite** nicht übernommen worden war.

Wegen des Wortlauts der neuen Vorschriften zur Kreditwürdigkeitsprüfung (§§ 18a Absatz 1 KWG, 505a BGB), wonach die Kreditwürdigkeitsprüfung vor Abschluss eines Verbraucherdarlehensvertrags zu erfolgen hat, bestand des Weiteren die Befürchtung, dass hierunter auch **Darlehensverträge zum Zweck der Sanierung oder zur Anschlussfinanzierung** zu verstehen sind. Bei beiden Vertragsarten wurde die Gefahr gesehen, dass derartige Verträge nach Feststellung fehlender Kreditwürdigkeit nicht abgeschlossen werden und die Verbraucher deswegen gezwungen sein könnten, ihre Immobilie vorzeitig verkaufen zu müssen. Außerdem wurde durch die Kreditwirtschaft eingewandt, dass aufgrund der Verwendung von zahlreichen **unbestimmten Rechtsbegriffen** in § 505b BGB und § 18a Abs. 4 KWG der notwendige rechtssichere Rahmen für die Kreditwürdigkeitsprüfung fehle, wonach sich der Darlehensgeber bei der Durchführung der Kreditwürdigkeitsprüfung richten könne. Diese Unsicherheiten führten zur Zurückhaltung bei der Kreditvergabe und trafen vor allem junge Familien und ältere

27 *Scherff*, Hauskauf in Gefahr, Frankfurt Allgemeine Sonntagszeitung, v. 29.05.2016; *Looman*, Regenwolken am Kredithimmel, FAZ v. 21.06.2016; *o.V.*, Ältere Kunden kommen schwerer an Bankkredite, FAZ v. 21.06.2016; *Marquardt*, Das Gesetz straft junge Familien ab, Stuttgarter Nachrichten (online) v. 18.07.2016.

Bürger, die sich für einen Immobiliar-Verbraucherdarlehensvertrag interessierten. Es wurde daher eine weitere Konkretisierung der gesetzlichen Anforderungen an die Kreditwürdigkeitsprüfung bei Immobiliar-Verbraucherdarlehensverträgen gefordert. Die Bundesländer Hessen und Baden-Württemberg brachten schließlich einen Gesetzesentwurf auf den Weg, dem sich das Land Bayern anschloss[28]. Der Gesetzgeber hat sich dieser Diskussion und der Kritik nicht verschlossen und ergänzte in der Folgezeit die betreffenden Rechtsvorschriften.

2.2 Reaktion des Gesetzgebers

Mit dem **Finanzaufsichtsrechtergänzungsgesetz**[29] wurden die geforderten Ausnahmen für **Bau- und Renovierungsdarlehen** (§ 505b Abs. 2 Satz 3 BGB) und **Immobilienverzehrkredite** (§ 491 Abs. 3 Satz 4 BGB) geregelt sowie die beiden Ministerien für Finanzen und der Justiz und für Verbraucherschutz in § 505e BGB und § 18a Abs. 10a KWG **ermächtigt**, eine **gemeinsame Verordnung** zu erlassen, in der in Leitlinien die Grundsätze und Methoden für die Kreditwürdigkeitsprüfung bei Immobiliar-Verbraucherdarlehensverträgen festgelegt werden sollten. Die mögliche Berücksichtigung des Werts oder einer Wertsteigerung der (Wohn-)Immobilie bei der Kreditentscheidung entbindet den Darlehensgeber aber nicht gänzlich von der Kreditwürdigkeitsprüfung. Der Darlehensgeber darf auch in diesen Fällen das Darlehen nicht vergeben, wenn bereits vor Abschluss des Darlehensvertrags erkennbar ist, dass der Darlehensgeber mit den Zahlungspflichten aus dem Darlehensvertrag von vornherein überfordert ist[30].

Parallel dazu hatte das Bundesministerium der Justiz und für Verbraucherschutz mit Schreiben vom 20.02.2017 bei der **Europäischen Kommission** angefragt, ob eine erneute Überprüfung der Kreditwürdigkeit im Sinne der Wohnimmobilienkreditrichtlinie bei Umschuldungsdarlehen zur Vermeidung einer Darlehenskündigung wegen Zahlungsverzugs oder von Zwangsvollstreckungsmaßnahmen gegen den Darlehensnehmer bzw. bei Anschlussfinanzierungen zur Weiterfinanzierung eines bereits aufgenommenen Darlehens (echte Abschnittsfinanzierungen) vorgenommen werden müsse. Die Europäische Kommission äußerte sich zu diesen Fragen und stellte klar, dass die **Kreditwürdigkeitsprüfung** im Sinne der Richtlinie einen **präventiven Zweck** verfolge und den Verbraucher vor der Aufnahme einer unverantwortlichen Kreditaufnahme und -gewährung

28 BR Drs. 578/16.

29 Finanzaufsichtsrechtergänzungsgesetz v. 06.06.2017, BGBl. 2017 Teil I, S. 1495.

30 *Buck-Heeb*, Kreditvergabe nach dem Finanzaufsichtsrechtergänzungsgesetz, WM 2017, 1329, 1331.

schützen wolle. Dieser Zweck könne nur bei der Erstaufnahme des Kredits erreicht werden. Bestünde das Darlehen dagegen schon und der neue Darlehensvertrag diene dem Zweck, ein bereits bestehendes Darlehen zu sanieren, um eine Kündigung oder Zwangsvollstreckungsmaßnahmen zu vermeiden bzw. dem Zweck, die Weiterfinanzierung nach einem (ersten) Finanzierungsabschnitt zu gewährleisten, könne mit der Kreditwürdigkeitsprüfung der Zweck der Richtlinie nicht mehr erreicht werden. Daher sei vor dem Abschluss eines Darlehensvertrags, mit dem eine bestehende Schuld zum Zweck der Sanierung oder der Anschlussfinanzierung nach Auslauf eines vorangegangenen Finanzierungsabschnitts abgelöst werde, eine Kreditwürdigkeitsprüfung im Sinne der Richtlinie nicht erforderlich. Soweit dennoch eine Kreditwürdigkeitsprüfung zu diesem Zeitpunkt durchgeführt werde, erfolge sie im Interesse des Kreditinstituts.

Dieser Antwort entsprechend, wurde in dem Gesetz zur **Umsetzung der zweiten Zahlungsdiensterichtlinie**[31] eine weitere Ausnahme in § 505a Abs. 3 BGB und § 18a Abs. 2a KWG aufgenommen. Danach braucht eine **Kreditwürdigkeitsprüfung nicht** zu erfolgen, wenn der zwischen den Vertragsparteien abzuschließende Darlehensvertrag der **Umschuldung** oder **Ablösung** eines bestehenden Darlehens dient (§ 505a Abs. 3 BGB, § 18a Abs. 2a KWG). Dies gilt jedoch nicht, wenn der Nettodarlehensbetrag wesentlich erhöht wird oder die Zahlungsunfähigkeit des Darlehensnehmers offenkundig ist. Weitere Voraussetzung ist, dass der jeweils neue Darlehensvertrag zwischen den bisherigen Vertragsparteien abgeschlossen wird.

Zu guter Letzt sind die ermächtigten Bundesministerien der Finanzen und der Justiz und für Verbraucherschutz tätig geworden und haben die **„Verordnung zur Festlegung von Leitlinien zu den Kriterien und Methoden der Kreditwürdigkeitsprüfung bei Immobiliar-Verbraucherdarlehensverträgen (Immobiliar-Kreditwürdigkeitsprüfungsleitlinien-Verordnung – ImmoKWPLV)"** verabschiedet. Sie ist am 30. April 2018 im Bundesgesetzblatt[32] veröffentlicht worden und trat am 1. Mai 2018 in Kraft. Mit dieser Vorordnung fanden die Diskussionen ihren vorläufigen Schlusspunkt. Auf die Inhalte der Verordnung wird später noch näher eingegangen werden.

Es bleibt die Frage offen, warum die Diskussion über das Umsetzungsgesetz und seine Auswirkungen so breit in der Öffentlichkeit zwischen Kreditwirtschaft, Politik, Verbraucherschutzverbänden und dem Gesetzgeber geführt wurde. **Unbestimmte Rechtsbegriffe** und wenig konkrete Hinweise zur Kreditwürdig-

31 Gesetz zur Umsetzung der zweiten Zahlungsdiensterichtlinie v. 17.07.2017, BGBl. 2017 Teil I S. 2446.

32 ImmoKWPLV v. 24.04.2018, BGBl. 2018 Teil I, S. 529; Begründung in Bekanntmachung im Bundesanzeiger v. 30.04.2018, BAnz AT 30.04.2018 B1, S. 1 ff.

keitsprüfung bestanden bereits vor der Wohnimmobilienkreditrichtlinie und dem Inkrafttreten ihres Umsetzungsgesetzes.

2.3 Kreditwürdigkeitsprüfung vor dem 20. März 2018

Bis zum Inkrafttreten des Umsetzungsgesetzes zur Verbraucherkreditrichtlinie zum 10. Juni 2010 regelte **§ 18 KWG** die Kreditwürdigkeitsprüfung durch die Kreditinstitute für alle Kreditverträge, unabhängig davon, ob sie mit Verbrauchern oder Nicht-Verbrauchern abgeschlossen wurden. Diese Vorschrift gilt heute noch für Kredite, die ein Kreditinstitut an einen **Nicht-Verbraucher** ausreicht.

Danach muss ein Kreditinstitut sich die wirtschaftlichen Verhältnisse des Kreditnehmers vor Gewährung eines Kredits über EUR 750.000 offenlegen lassen, es sei denn, das Kreditinstitut erhält zur Besicherung eine werthaltige Sicherheit, die die weitere Kreditwürdigkeitsprüfung entbehrlich macht. Darüber hinaus muss sich das Kreditinstitut die wirtschaftlichen Verhältnisse regelmäßig, mindestens aber einmal im Jahr offenlegen lassen. Diese Regelung begründet nach herrschender Meinung in Literatur und Rechtsprechung ausschließlich eine **aufsichtsrechtliche Pflicht** des Kreditinstituts[33]. Sie dient dem Schutz der Einleger und der Stabilität des Finanzmarkts und die Ausübung dieser Pflicht geschieht im alleinigen Interesse der kreditausgebenden Bank[34]. Ein Kreditnehmer kann daher nach altem Recht im Vermögensverfall nicht einwenden, dass das Kreditinstitut die Kreditwürdigkeit nicht ordnungsgemäß geprüft habe und deshalb für einen etwaig entstandenen Schaden schadensersatzpflichtig sei. Insbesondere die Meinung, dass es sich um eine Vorschrift mit drittschützendem Charakter handele und insoweit individuelle Schadensersatzansprüche des Darlehensnehmers nach § 823 Abs. 2 BGB in Verbindung mit § 18 KWG a.F. begründe, überzeugt nicht und wird von der höchstrichterlichen Rechtsprechung abgelehnt[35].

Als **2010** die **Verbraucherkreditrichtlinie** ins deutsche Recht überführt wurde, entschloss sich der deutsche Gesetzgeber an dieser Rechtslage nichts zu

33 *Herresthal*, Die Verpflichtung zur Bewertung der Kreditwürdigkeit und zur angemessenen Erläuterung, WM 2009, S. 1174 ff, mwN.

34 *Herresthal*, Die Verpflichtung zur Bewertung der Kreditwürdigkeit und zur angemessenen Erläuterung, WM 2009, S. 1174 ff.

35 *Herresthal*, Die Verpflichtung zur Bewertung der Kreditwürdigkeit und zur angemessenen Erläuterung, WM 2009, S. 1174 ff.

ändern und beließ es bei der aufsichtsrechtlichen Ausgestaltung[36]. § 18 KWG wurde aber im Rahmen der Umsetzung der Verbraucherkreditrichtlinie um einen Absatz 2 erweitert, in dem es hieß:

„Die Institute prüfen vor Abschluss eines Verbraucherdarlehensvertrags oder eines Vertrags über eine entgeltliche Finanzierungshilfe die Kreditwürdigkeit des Verbrauchers. Grundlage können Auskünfte des Verbrauchers und erforderlichenfalls Auskünfte von Stellen sein, die geschäftsmäßig, personenbezogene Daten, die zur Bewertung der Kreditwürdigkeitsprüfung von Verbrauchern genutzt werden dürfen, zum Zweck der Übermittlung erheben, speichern oder verändern."

In einem Schreiben der Bundesanstalt für Finanzdienstleistungsaufsicht (Bafin) vom 24.11.2011 führte diese aus, dass es sich bei § 18 Abs. 2 KWG um eine spezielle Regelung zu Verbraucherdarlehensverträgen handele, so dass die Anwendbarkeit von § 18 Abs. 1 KWG (früher § 18 KWG), insbesondere die Erleichterung bei werthaltiger Besicherung des Darlehens, für die unter § 18 Abs. 2 KWG fallenden Verbraucherdarlehensverträge nicht gelte. Die Kreditwürdigkeitsprüfung müsse immer erfolgen, ungeachtet der Sicherheiten, die dem Kreditinstitut im Zusammenhang mit dem Darlehen gestellt werden. Auch § 18 Abs. 2 KWG erhielt keine konkreten Anforderungen an die Kreditwürdigkeitsprüfung bei Verbraucherdarlehensverträgen.

Neben dieser Regelung gelten die **„Mindestanforderungen an das Risikomanagement"** in den jeweils gültigen Fassungen[37], die zwar Prinzipien für den Kreditentscheidungsprozess innerhalb der beaufsichtigten Kreditinstitute aufstellen, jedoch keine konkreten Anforderungen an die Ausgestaltung des Kreditentscheidungsprozesses, insbesondere an die Kreditwürdigkeitsprüfung bei Verbrauchern stellen. Die Bafin verfolgte nach 2010 weiterhin den Ansatz, prinzipienbasierte Regelungen für die beaufsichtigten Kreditinstitute für deren Kreditprozess zu veröffentlichen und es im Übrigen den Kreditinstituten zu überlassen, ihre eigenen Methoden für die Kreditwürdigkeitsprüfung entsprechend ihres Risikoappetites und der festgelegten Risikostrategie zu entwickeln und anzuwenden.

Es bleibt also festzustellen, dass auch in der Vergangenheit der Gesetzgeber und die deutsche Bankenaufsicht mit **unbestimmten Rechtsbegriffen** gearbeitet und es weitgehend den Kreditinstituten überlassen haben, die eher prinzipiengestützten aufsichtsrechtlichen Anforderungen an den Kreditprozess im eigenen Ermessen auszufüllen.

---

36 *Buck-Heeb*, Rechtsfolgen fehlender oder fehlerhafter Kreditwürdigkeitsprüfung, NJW 2016, 2065, 2066.

37 Aktuelles Rundschreiben der *Bafin*, Rundschreiben 09/2017 (BA) -Mindestanforderungen an das Risikomanagement – MaRisk, Geschäftszeichen BA 54-FR 2210 – 2017/0002.

Umso mehr muss man sich die Frage stellen, warum die deutsche Kreditwirtschaft, unterstützt durch die Politik und Literatur, darauf drängte, ein höheres Maß an Konkretisierung der gesetzlichen Anforderungen an die Kreditwürdigkeitsprüfung zu erreichen, wogegen das Bundesfinanzministerium und die Aufsichtsbehörde keinen diesbezüglichen Handlungsbedarf sahen.

2.4 Kreditwürdigkeitsprüfung seit 21. März 2018

Es spricht viel dafür, dass der Grund für die Diskussion in der **neuen zusätzlichen Verortung der Kreditwürdigkeitsprüfung** liegt. Erstmalig ist die Kreditwürdigkeitsprüfung nicht nur als aufsichtsrechtliche Pflicht ausgestaltet worden, sondern hat als verbraucherschützende Norm Eingang ins Zivilrecht gefunden. Zum neuen § 18a KWG, in dem die umfassenden aufsichtsrechtlichen Pflichten eines Kreditinstituts im Zusammenhang mit Verbraucherdarlehensverträgen geregelt werden, wurden parallel dazu ins Bürgerliche Gesetzbuch die **§§ 505a bis d BGB** aufgenommen.

In § 505a BGB wird die **gesetzliche, dem Verbraucher gegenüber geschuldete Pflicht**[38] des Darlehensgebers begründet, die Kreditwürdigkeitsprüfung vor Abschluss eines Verbraucherdarlehensvertrags durchführen zu müssen. Die Vorschrift gilt sowohl für den **Allgemein-Verbraucherdarlehensvertrag** als auch für den **Immobiliar-Verbraucherdarlehensvertrag.** Kommt der Darlehensgeber zu dem Ergebnis, dass der Verbraucher nicht kreditwürdig ist, darf er den Darlehensvertrag nicht abschließen. Anlass für diesen **Paradigmenwechsel** oder diese Pflichtenverschiebung[39] sah der Gesetzgeber in der Rechtsprechung des EuGH vom 27. März 2014 in der Sache „Le Crédit Lyonnais“[40]. In dieser Entscheidung hatte der EuGH ausgeführt, dass die vorvertragliche Pflicht des Kreditgebers zur Beurteilung des Kreditwürdigkeit des Kreditnehmers insoweit zur Verwirklichung des Ziels der Verbraucherkreditrichtlinie beitrage, als sie den Schutz der Verbraucher vor der Gefahr der Überschuldung und der Zahlungsunfähigkeit bezwecke[41]. Unter Berücksichtigung dieser Ausführungen gelangte der deutsche Gesetzgeber zu der Überzeugung, dass dieser Schutz des Verbrauchers vor Überschuldung und Zahlungsunfähigkeit am besten erreicht werden könne, wenn die Pflicht zur Kreditwürdigkeitsprüfung nicht nur auf-

---

38 *König*, Neue Anforderungen an die Kreditwürdigkeitsprüfungspflichten, WM 2017, 269.
39 *Buck-Heeb*, Kreditvergabe nach dem Finanzaufsichtsrechtergänzungsgesetz, WM 2017, 1329.
40 EuGH v. 27.03.2014 – C 565/12, „Le Crédit Lyonnais“, juris.
41 EuGH v. 27.03.2014 – C 565/12, „Le Crédit Lyonnais“, juris, Rn. 42.

sichtsrechtlich, sondern zusätzlich als **individuelles Verbraucherschutzrecht** ausgestaltet werde[42].

Zwingend erforderlich war dies nicht: beide Richtlinien überlassen es prinzipiell dem nationalen Gesetzgeber, ob die Pflicht zur Kreditwürdigkeitsprüfung im Zivilrecht oder im Aufsichtsrecht verankert wird[43] (siehe z.B. Erwägungsgrund 83 der Wohnimmobilienkreditrichtlinie). Der EuGH hatte über die Frage, wo die Pflicht verortet wird, auch nicht zu entscheiden. Seine Entscheidung richtete sich auf die Frage, ob der französische Gesetzgeber eine nachgewiesene fehlerhafte Kreditwürdigkeitsprüfung *„wirksam, verhältnismäßig und abschreckend"* im Sinne von Art. 23 der Verbraucherkreditrichtlinie sanktioniert hatte und diese Frage in diesem konkret zu entscheidenden Fall verneint. Auch die Entscheidung des EuGH in der Sache „CA Consumer Finance"[44] betraf nicht die Frage, nach welchem Recht sich die Pflicht zur Kreditwürdigkeitsprüfung zu bestimmen habe. Gegenstand dieses Rechtsstreits war die Fragestellung, ob das Ergebnis einer Kreditwürdigkeitsprüfung Veranlassung dazu geben könnte, bereits erbrachte Erläuterungen gegenüber einem Verbraucher mit Blick auf dessen Zahlungsfähigkeit ggf. ergänzen oder anpassen zu müssen[45].

Als **Zwischenergebnis** lässt sich danach festhalten, dass die nach § 505a BGB bestehende zivilrechtliche Pflicht zur Kreditwürdigkeitsprüfung und deren drastischen Rechtsfolgen für den Darlehensgeber nach § 505d BGB bei fehlerhafter Ausführung Anlass gaben, das Umsetzungsgesetz und dessen Auswirkungen zu diskutieren und zu hinterfragen. Dies insbesondere vor dem Hintergrund, dass die anzuwendenden Vorschriften Fragen zu ihrer praktischen Umsetzung offen ließen und vor allem die Regelung, auf welcher Grundlage über die Kreditwürdigkeit zu entscheiden ist (§ 505b BGB), **unbestimmte und auslegungsfähige Begriffe** verwendet[46], die weder durch die Gesetzesbegründung noch durch sonstige Verlautbarungen verständlicher werden. Zwar hatte die Bafin die **Mindestanforderungen an das Risikomanagement** in BTO 1.2.1 (Kreditgewährung) überarbeitet und ausdrücklich Bezug zur Gewährung von Immobiliar-Verbraucherdarlehensverträgen genommen, die Änderungen waren aber sehr zurückhaltend ausgefallen und stellten lediglich klar, dass *„zukünftige, als*

42 BT-Drucks. 18/5922, S. 97.

43 Erwägungsgrund 83 Wohnimmobilienkreditrichtlinie; *Omlor*, Die Wohnimmobilienkreditrichtlinie und ihre Umsetzung in Deutschland, ZIP 2017, 116.

44 EuGH v. 18.12.2014 – C-449/13 „CA Consumer Finance SA" juris.

45 EuGH v. 18.12.2014 – C-449/13 „CA Consumer Finance SA" juris, Rn. 45 und 49.

46 *Buck-Heeb*, Kreditvergabe nach dem Finanzaufsichtsrechtergänzungsgesetz, WM 2017, 1329, 1331.

wahrscheinlich anzusehende Einkommensschwankungen in die Beurteilung der Kapitaldienstfähigkeit einzubeziehen seien“ (BTO 1.2.1. Nr. 2 MaRisk 09/2017).

In 2015 hatte die **European Banking Authority** (EBA)[47] Leitlinien zur Prüfung der Kreditwürdigkeit bei Immobilienkrediten aufgestellt und diese an die Mitgliedstaaten der Europäischen Union versandt, verbunden mit der Aufforderung, sich zu erklären, ob diese Leitlinien eingeführt werden. Einer weiteren Veröffentlichung der EBA ist zu entnehmen, dass die Bundesregierung im August 2016 die Übereinstimmung nationaler Regelungen mit den EBA – Leitlinien bestätigt hatte[48].

Vor diesem Hintergrund ist es erstaunlich und gleichzeitig zu begrüßen[49], dass es schließlich doch noch zu den vorstehend beschriebenen Gesetzesänderungen und -ergänzungen und die als notwendig erachteten Konkretisierungen zu § 505b Abs. 2ff BGB und § 18a Abs. 4 KWG durch Veröffentlichung der Leitlinien gekommen ist.

3 Kreditwürdigkeitsprüfung nach der Leitlinienverordnung und gesetzliche Sanktionen

Nachfolgend soll kurz auf die Anforderungen an die Kreditwürdigkeitsprüfung anhand der Leitlinien-Verordnung und der Sanktionskatalog des § 505d BGB eingegangen werden.

3.1 Kreditwürdigkeitsprüfung nach der Leitlinienverordnung (ImmoKWPLV)

Nach § 505a BGB darf der Darlehensgeber einen **Allgemein-Verbraucherdarlehensvertrag** nur abschließen, wenn **keine erheblichen Zweifel** daran bestehen, dass der Darlehensnehmer seine vertraglich geschuldeten Zahlungspflichten wird erfüllen können. Ein **Immobiliar-Verbraucherdarlehensvertrag** darf dagegen nur abgeschlossen werden, wenn der Darlehensgeber aufgrund der Kreditwürdigkeitsprüfung zu der Erkenntnis kommt, dass es **als wahrscheinlich angese-**

47 EBA Leitlinien zur Kreditwürdigkeitsprüfung, EBA/GL/2015/11 v. 19.08.2015.
48 EBA, Guidelines compliance table, EBA/GL/2015/11 Appendix 1 v. 04.08.2016.
49 *Omlor*, Neuregelung der Finanzierung von Wohnimmobilien, NJW 2017, 1633, 1634.

hen werden kann, dass der Darlehensnehmer seinen vertraglichen Pflichten wird nachkommen können.

Im Zusammenhang mit dem Wortlaut des § 505a Abs. 1 BGB wurde die Frage erörtert, ob bei der Kreditwürdigkeitsprüfung der Darlehensgeber die gesamte Vertragslaufzeit in den Blick nehmen müsse und vor allem, ob die Wendung „*..., dass der Darlehensnehmer seinen Verpflichtungen, die im Zusammenhang mit dem Darlehensvertrag stehen, vertragsgemäß nachkommen wird*" (§ 505a Abs. 1 BGB) bedeute, der Darlehensnehmer müsse **persönlich die vertraglichen Zahlungspflichten** über die gesamte Laufzeit hinweg erbringen können. Angeblich soll diese Interpretation dazu geführt haben, dass älteren Kreditnehmern mit Blick auf ihre statistisch errechnete Lebenserwartung kein Darlehen mehr gewährt wurde, da aufgrund ihres Alters nicht damit gerechnet werden konnte, dass sie das Laufzeitende des Darlehensvertrags überleben. Ebenso wurde diskutiert, ob vor „*Abschluss eines Darlehensvertrags*" heiße, dass vor jedem Abschluss eines neuen Verbraucherdarlehensvertrags die Kreditwürdigkeitsprüfung im vollen Umfang durchgeführt werden müsse, obwohl kein neues Kapitalnutzungsrecht eingeräumt werde. Es wurde die Gefahr gesehen, dass bei **Anschlussfinanzierungen** im Zusammenhang mit einer **echten Abschnittsfinanzierung** der Abschluss eines neuen Darlehensvertrags wegen verschlechterter Kreditwürdigkeit verweigert werden müsse. Echte und unechte Abschnittsfinanzierungen würden damit zum Nachteil des Darlehensnehmers ungleichbehandelt, weil für eine bereits bestehende Restschuld vor Abschluss des Anschlussdarlehensvertrags eine nach § 505a BGB erforderliche Kreditwürdigkeitsprüfung durchgeführt werden müsse. Ebenso bestanden **Unsicherheiten** bei der Behandlung von **Umschuldungs- oder Sanierungsdarlehen.** Bei konsequenter Anwendung des § 505a BGB könnte der Darlehensgeber einen der Sanierung dienenden Immobiliar-Verbraucherdarlehensvertrag nicht abschließen und müsste den Abschluss verweigern, weil es bei solchen Krediten häufig nicht als wahrscheinlich angenommen werden könne, dass der Darlehensnehmer seine Zahlungspflichten unter dem Umschuldungs- oder Sanierungsvertrag wird erfüllen können. Gleichzeitig erwartete zum Beispiel die European Banking Authority (EBA) – unter Berücksichtigung von Art. 28 der Wohnimmobilienkreditrichtlinie – mit ihren Leitlinien zur Behandlung von Darlehensnehmern, die in Zahlungsschwierigkeiten[50] sind, dass der Darlehensgeber den in Zahlungsschwierigkeiten geratenden Darlehensnehmer nachsichtig behandele, bevor eine Zwangsversteigerung in die Wohnimmobilie des Darlehensgebers eingeleitet werde. Durch diese unterschiedlichen Anforderungen an das Verhalten des Darlehensgebers bei Zah-

50 EBA Guidelines on arrears and foreclosure v. 1. Juni 2015, EBA GL 2015/12.

lungsschwierigkeiten des Darlehensnehmers waren bevorstehende Konfliktsituationen für die Kreditwirtschaft bereits vorprogrammiert.

§ 505b BGB beschreibt in den Absätzen 2 bis 4 BGB, auf welcher Grundlage der Darlehensgeber die Kreditwürdigkeit zu prüfen und sie ggf. zu bejahen hat. Danach muss die Kreditwürdigkeit auf der Grundlage ***„notwendiger, ausreichender und angemessener Informationen"*** zu **„Einkommen, Ausgaben sowie anderen finanziellen und wirtschaftlichen Umständen des Darlehensnehmers"** eingehend geprüft werden. Weiter hat der Darlehensgeber die **Faktoren** angemessen zu berücksichtigen, die für die Einschätzung **relevant** sind, ob der Darlehensnehmer voraussichtlich seinen Pflichten aus dem Darlehensvertrag nachkommen kann und wird. Zu Recht stellte sich die Frage, wie die Darlehensgeber diese Vorschrift interpretieren sollten, um in einem späteren Rechtsstreit zur Überzeugung eines Zivilgerichts den Nachweis erbringen zu können, dass die anlässlich der Kreditwürdigkeitsprüfung herangezogenen Informationen und Unterlagen so angemessen und ausreichend waren, dass auf dieser Basis die erfolgte Kreditentscheidung vertretbar und richtig war.

Die Reparaturgesetze und die Verordnung über die Leitlinien zur Kreditwürdigkeitsprüfung (ImmoKWPLV) unterstützen bei der Interpretation des Gesetzes.

3.2 Anwendungsbereich der Leitlinien-Verordnung

Die Leitlinienverordnung findet auf Kreditwürdigkeitsprüfungen Anwendungen, die seit dem 1. Mai 2018 durchgeführt werden. Allerdings wird man diese, unabhängig von ihrem Inkrafttreten, zur Interpretation und rechtlichen Beurteilung der Ordnungsmäßigkeit von Kreditwürdigkeitsprüfungen, die bis zu diesem Zeitpunkt durchgeführt worden sind, heranziehen können.

Braucht keine Kreditwürdigkeitsprüfung durchgeführt zu werden, finden die Leitlinien naturgemäß keine Anwendung (§ 1 ImmoKWPLV). Eine Kreditwürdigkeitsprüfung muss grundsätzlich vor jedem Abschluss eines Verbraucherdarlehensvertrags nach Maßgabe der §§ 505a ff BGB bzw. § 18a KWG durchgeführt werden.

Von diesem Grundsatz gibt es aber **Ausnahmen:** so braucht die Kreditwürdigkeit nicht geprüft zu werden, wenn zwar ein neues Kapitalnutzungsrecht eingeräumt wird, der **Nettodarlehensbetrag aber nicht deutlich erhöht** wird (§ 505a Abs. 2 BGB). Wird der Nettodarlehensbetrag deutlich erhöht, muss die Kreditwürdigkeit neu geprüft werden, es sei denn, der Erhöhungsbetrag war bereits bei der ursprünglichen Kreditentscheidung berücksichtigt worden. Eine **deutliche Erhöhung** liegt bei einem **Immobiliar-Verbraucherdarlehensvertrag** vor, wenn der Nettodarlehensbetrag um mehr als 10 % erhöht wird (§ 7 ImmoKWPLV). Obwohl nicht ausdrücklich geregelt, kann man davon ausgehen, dass diese Schwelle auch bei **Allgemein-Verbraucherdarlehensverträgen** gilt, da bereits nach bisherigem Recht eine Erhöhung um mehr als 10 % als wesentlich oder deutlich angesehen wurde.[51]

Durch die Ergänzung in dem **Umsetzungsgesetz der zweiten Zahlungsdiensterichtlinie** v. 17.07.2017[52] kann bei **Anschlussfinanzierungen** zur Finanzierung einer Restschuld aus einem bereits bestehenden Immobiliar-Verbraucherdarlehensvertrag („echte Abschnittsfinanzierungen“) und bei **Umschuldungsverträgen** zur Vermeidung von Kündigungen wegen Zahlungsverzugs oder zur Vermeidung von Zwangsvollstreckungsmaßnahmen gegen den Darlehensnehmer (§ 505a Abs. 3 Nr. 1 und 2 BGB) die Prüfung der Kreditwürdigkeit im Sinne von §§ 505a BGB und 18a KWG unterbleiben. Begründet wird diese Ausnahme damit, dass die Kreditwürdigkeitsprüfung einen präventiven Zweck verfolgt, der aber im Verhältnis zum Verbraucher obsolet wird, wenn es sich um die Finanzierung einer bereits bestehenden Schuld handelt. Obwohl in der Veröffentlichung der EZB zur Behandlung von notleidenden Krediten[53] ausdrücklich erwartet wird, dass die Kreditinstitute in diesen Fällen die Kreditwürdigkeit der in Zahlungsschwierigkeiten geratenen Kreditnehmer sorgfältig prüfen (siehe Anhang 6 des Leitfadens zur Kapitaldienstfähigkeitsprüfung im Retailgeschäft), hat der deutsche Gesetzgeber nicht nur die **zivilrechtliche Pflicht zur Kreditwürdigkeitsprüfung**, sondern auch eine **aufsichtsrechtlich bestehende Pflicht** zur Prüfung der Kreditwürdigkeit verneint (§ 18a Abs. 2a KWG). Die Prüfung der Bonität muss aber dann erfolgen, wenn mit der Einräumung des neuen Kapitalnutzungsrechts eine deutliche Erhöhung des Nettodarlehensbetrags einhergeht, § 505a Abs. 3 Satz 1 iVm § 505a Abs. 2 BGB. Der Abschluss der Verträge darf dann nicht erfolgen, wenn dem **Darlehensgeber bekannt** ist, dass der Darlehensnehmer seinen vertraglichen Zahlungspflichten dauerhaft nicht nachkommen kann (§ 505a Abs. 3 Satz 2 BGB). Eine diesbezügliche Nachforschungspflicht besteht für den Darlehensgeber aber nicht.[54]

51 *Bock* in Boos/Fischer/Schulte-Mattler, Kommentar zum Kreditwesengesetz, KWG, 2016, § 18 Rn. 120.

52 BGBl. 2017 Teil I, S. 2446.

53 EZB Leitfaden für Banken zu notleidenden Krediten, März 2017.

54 BT-Drs. 18/12568, S. 185.

3.3 Zielsetzungen der Kreditwürdigkeitsprüfung und Methodik

Die Verordnung der Leitlinien stellt unter §§ 2 und 3 ImmoKWPLV fest, wozu die Kreditwürdigkeitsprüfung dient und welche Methoden dabei anzuwenden sind. Die Kreditwürdigkeitsprüfung bezieht sich auf den **konkreten Darlehensnehmer und ist insoweit Einzelfall** bezogen[55]. Außerdem stellt sie klar, dass die Kreditwürdigkeitsprüfung bei der Beurteilung der Zahlungsfähigkeit des Darlehensnehmers den gesamten Vertragszeitraum betrachten muss[56] (§ 3 Abs. 2 ImmoKWPLV). Je länger sich die voraussichtliche Vertragslaufzeit in die Zukunft erstreckt, je mehr darf der Darlehensgeber seine Entscheidung auf Schätzungen stützen (§ 3 Abs. 2 Satz 2 ImmoKWPLV).

Nach den Vorstellungen der Verordnungsgeber erhebt der Darlehensgeber die Einkommens- und Vermögenssituation, erfasst bestehende Verbindlichkeiten aus weiteren Darlehen und sonstigen Rechtsgeschäften zum Zeitpunkt der Kreditwürdigkeitsprüfung[57], um auf dieser Grundlage die Einschätzung für die Zahlungsfähigkeit und -bereitschaft in der Zukunft über die gesamte Laufzeit zu treffen[58]. Die Sammlung von Informationen und deren Bewertung sowie die darauf zu treffende Prognose in die Zukunft gehören für den Verordnungsgeber zusammen[59]. Das Kreditinstitut kann bei der Einschätzung der wahrscheinlichen Zahlungsfähigkeit einen **üblichen Verlauf der Dinge** unterstellen; besondere Ereignisse, wie Tod, Scheidung[60], Krankheit, Arbeitslosigkeit gelten – entgegen etwaiger statistischer Erhebungen – als atypischer Verlauf und müssen nur entsprechend berücksichtigt werden, wenn dem Darlehensgeber für ihr Eintreten konkrete Anhaltspunkte vorliegen[61].

Dagegen gelten **etwaige Ereignisse**, die in einem unmittelbaren Zusammenhang mit dem **Darlehensvertrag** stehen, wie z. B. Schwankungen der Zinssätze oder Wechselkurse, grundsätzlich als **wahrscheinlich**[62]**.** So muss der Darlehensgeber bei der Beurteilung der Zahlungsfähigkeit die sich aufgrund der Tilgungsstruktur ergebenden **Tilgungsrückstände**, die zu einer höheren Belastung beim Darlehensnehmer führen können, oder etwaige **Zinssteigerungen**, wenn der Sollzins sich über die Vertragslaufzeit ändern kann (z. B. bei unech-

55 Begründung zu § 2 Abs. 3 ImmoKWPLV, BAnz AT 30.04.2018 B1, S. 3.
56 Begründung zu § 3 Abs. 2 ImmoKWPLV, BAnz AT 30.04.2018 B1, S. 4.
57 *König*, Neue Anforderungen an die Kreditwürdigkeitsprüfungspflichten, WM 2017, 269, 274.
58 Begründung zu § 2 Abs. 1 ImmoKWPLV, BAnz AT 30.04.2018 B1, S. 3.
59 Begründung zu § 3 Abs. 2 ImmoKWPLV, BAnz AT 30.04.2018 B1, S. 4.
60 *König*, Neue Anforderungen an die Kreditwürdigkeitsprüfungspflichten, WM 2017, 269, 274.
61 Begründung zu § 3 Abs. 1 ImmoKWPLV, BAnz AT 30.04.2018 B1, S. 4.
62 Begründung zu § 4 Abs. 3 ImmoKWPLV, BAnz AT 30.04.2018 B1, S. 6.

ten Abschnittsfinanzierungen oder variabel vereinbarten Sollzinsen) oder ein **Wechselkursänderungsrisiko** zum Nachteil des Darlehensnehmers bei einem Fremdwährungsdarlehen (§ 503 BGB) berücksichtigen. Der Verordnungsgeber sagt jedoch nichts dazu, welche Annahmen der Darlehensgeber bei der Beurteilung dieser Risiken zu treffen hat. Der Verordnung nach zu urteilen, sollen den Zukunftsprognosen die **allgemeine Lebenserfahrung** als objektiver Maßstab und die **Expertise der Branche** zugrundgelegt werden[63]. Nicht dagegen die individuelle Lebenserfahrung des Kreditsachbearbeiters[64]. Trotz der wichtigen Hinweise in der Leitlinienverordnung wird es daher der Rechtsprechung vorbehalten bleiben, zu beurteilen, ob die Einschätzung der als wahrscheinlich geltenden, künftigen Entwicklungen von Sollzinsen oder Wechselkursveränderungen, die der Darlehensgeber getroffen hatte, vernünftig war. Bei der Einschätzung künftiger Veränderungen der Sollzinsen, könnte sich der Darlehensgeber z. B. an den Annahmen orientieren, die im ESIS-Merkblatt (Anlage 6 zu Art. 247 § 1 EGBGB) unter Teil B Abschnitt 6 (4) „Höhe der einzelnen Rate" genannt werden. Dort ist bei einem **veränderlichen Sollzins** anhand einer geeigneten Zinsstatistik der höchste Stand des Sollzinssatzes der vergangenen 20 Jahre zu ermitteln. Unter Zugrundelegung dieses Satzes ist der Vertragszins rechnerisch zu ermitteln und dem Darlehensnehmer in Rechenbeispielen offen zu legen, wie sich der höchste Zinssatz in den vergangenen 20 Jahren auf seine Zins- und Tilgungsleistungen aus dem Darlehensvertrag auswirken kann. Dieses Rechenbeispiel soll dem Darlehensnehmer deutlich vor Augen führen, dass sich die Zahlungspflichten aus dem Darlehensvertrag für ihn erhöhen können. Es bietet sich an, dass Darlehensgeber bei der Beurteilung der Zahlungsfähigkeit dieses Rechenbeispiel zugrundlegen und prüfen, ob der Darlehensnehmer unter Zugrundelegung eines solchen Zinssatzes in der Lage wäre, das Darlehen bei unveränderten Einkommens- und Vermögensverhältnissen noch zu bedienen. Für **Fremdwährungsdarlehen** könnte für die Beurteilung der Bonität und Kapitaldienstfähigkeit eine Veränderung von 20 % zum Nachteil des Darlehensnehmers angenommen werden[65].

Künftige Ereignisse, die sich **positiv** auf die **Einkommenssituation** des Darlehensnehmers auswirken können, wie z. B. nachhaltig erzielbare Mieten aus der finanzierten Immobilie, der Zufluss aus weiteren Vermögenswerten, wie z. B. ein angesparter, aber noch nicht auszahlungsreifer vermögenbildender Sparplan, eine Kapitallebensversicherung, die Rückkehr ins Berufsleben nach der Eltern-

63 Begründung zu § 3 Abs. 1 ImmoKWPLV, BAnz AT 30.04.2018 B1, S. 4.
64 Begründung zu § 3 Abs. 1 ImmoKWPLV, BAnz AT 30.04.2018 B1, S. 4.
65 Anlage 6 zu Art. 247 § 1 Abs. 2 EGBGB, ESIS-Merkblatt Abschnitt 6 (5).

zeit, die Aufnahme einer Vollzeitbeschäftigung nach einer Teilzeitbeschäftigung oder die Entfristung eines befristeten Arbeitsvertrags bzw. die Weiterbeschäftigung bei einem anderen Arbeitnehmer bei einem befristeten Arbeitsverhältnis, dürfen vom Darlehensgeber unterstellt werden, wenn sie vernünftigerweise aufgrund der Gesamtumstände als wahrscheinlich angesehen werden können[66]. Eine etwaige Gehaltserhöhung oder eine Beförderung in eine besser bezahlte Position darf der Darlehensgeber allerdings nur dann als wahrscheinlich unterstellen, wenn für diese Ereignisse konkrete und nachweisbare Anhaltspunkte vorliegen[67].

Ist unter Berücksichtigung der **statistischen Lebenserwartung** nicht damit zu rechnen, dass der Kreditnehmer das Laufzeitende des Darlehensvertrags erleben wird, der Darlehensnehmer aber zu seinen Lebzeiten seinen vertraglichen Zahlungspflichten voraussichtlich nachkommen kann, darf der Darlehensvertrag dennoch abgeschlossen werden[68], wenn zusätzlich zur Kapitaldienstfähigkeit das als Sicherheit gestellte Vermögen ausreichen wird, um den Restbetrag und die Verwertungskosten im Falle des Todes zu decken (§ 4 Abs. 3 Satz 3 ImmoKWPLV).

Wird eine **Anschlussfinanzierung** zwischen einem **neuen Darlehensgeber** und dem Darlehensnehmer abgeschlossen (§ 6 ImmoKWPLV), muss der (neue) Darlehensgeber eine Kreditwürdigkeitsprüfung im Sinne des §§ 505a ff BGB durchführen, er darf aber bei der Beurteilung der Kapitaldienstfähigkeit das **bisherige Zahlungsverhalten** des Darlehensnehmers positiv berücksichtigen. Der Verordnungsgeber begründet diese Erleichterung damit, dass bei einem Darlehensnehmer, der gegenüber dem bisherigen Darlehensgeber seine Zahlungsfähigkeit und -bereitschaft unter Beweis gestellt hat, die zulässige Vermutung besteht, dass er auch seinem neuen Darlehensgeber gegenüber in der Lage und willens sein wird, seine vertraglichen Verpflichtungen zu erfüllen[69].

Mit der Verabschiedung der Verordnung über die Leitlinien zur Kreditwürdigkeitsprüfung ist eine vorübergehende Unsicherheit darüber, wie die Kreditwürdigkeitsprüfung durchzuführen ist, nicht vollständig, aber weitgehend beseitigt worden. Daher ist die Reaktion auf das Bekanntwerden der Verabschiedung der Leitlinien, wie sie ihren Niederschlag in dem eingangs erwähnten Titel findet, verständlich. Vor allem auch deswegen, weil der Verordnungsgeber insbesondere für die Bewertung individueller Lebensumstände kritischer Kreditnehmergruppen, wie junge Familien und ältere Kreditnehmer, Hinweise gegeben hat, die in der Bankpraxis angewandt und umgesetzt werden können.

---

66 Begründung zu § 4 Abs. 4 ImmoKWPLV, BAnz AT 30.04.2018 B1, S. 7.

67 Begründung zu § 3 Abs. 1 ImmoKWPLV, BAnz AT 30.04.2018 B1, S. 4.

68 *Buck-Heeb*, Kreditvergabe nach dem Finanzaufsichtsrechtergänzungsgesetz, WM 2017, 1329, 1334; *König*, Neue Anforderungen an die Kreditwürdigkeitsprüfungspflichten, WM 2017, 269, 275.

69 Begründung zu § 6 ImmoKWPLV, BAnz AT 30.04.2018 B1, S. 9.

3.4 Sanktionen bei fehlerhafter Kreditwürdigkeitsprüfung

Wird trotz der im Mai 2018 in Kraft getretenen Leitlinienverordnung und deren Orientierungsrahmen die **Kreditwürdigkeitsprüfung fehlerhaft** ausgeführt und liegt damit ein Verstoß gegen §§ 505a und b BGB vor, wird dieser nach § 505d BGB sanktioniert. Nach Art. 38 der Wohnimmobilienkreditrichtlinie muss der nationale Gesetzgeber sicherstellen, dass Verstöße gegen verbraucherschützende Normen *„wirksam, verhältnismäßig und abschreckend"* sanktioniert werden. Dieser Verpflichtung ist der Gesetzgeber nachgekommen, in dem er in § 505d BGB die **gesetzlichen Sanktionen einer fehlerhaften Kreditwürdigkeitsprüfung abschließend regelt**[70]. Dabei liegt eine fehlerhafte Kreditwürdigkeitsprüfung nicht bereits deswegen vor, weil der Darlehensgeber von seinen eigenen Entscheidungsgrundsätzen abgewichen ist. Denn nach der Vorstellung des Verordnungsgebers hat der Darlehensgeber eine individuelle, auf den konkreten Darlehensnehmer bezogene Prüfung der Kreditwürdigkeit durchzuführen. Dabei muss er zwar grundsätzlich seine Kreditstandards einhalten, er darf aber von diesen im Einzelfall abweichen, wenn er zu der Einschätzung gekommen ist, dass der Darlehensnehmer wahrscheinlich seinen vertraglichen Verpflichtungen unter dem Darlehensvertrag nachkommen wird. Eine solche Einschätzung soll nicht automatisch fehlerhaft sein[71], wenn der Darlehensgeber den Darlehensvertrag abweichend von seinen eigenen Grundsätzen abschließt. Die Gründe, die ihn zu einer positiven Prognose veranlasst haben, hat der Darlehensgeber für einen außenstehenden Dritten nachvollziehbar zu dokumentieren und aufzubewahren, § 505b Abs. 4 BGB und § 18a Abs. 5 KWG[72].

Wurde dagegen die fehlerhafte Kreditwürdigkeitsprüfung festgestellt und kann der Darlehensgeber nicht darlegen, dass der Darlehensnehmer auch bei einer ordnungsgemäß durchgeführten Kreditwürdigkeitsprüfung bei Abschluss des Darlehensvertrags kreditwürdig gewesen wäre (§ 505d Abs. 1 Satz 5 BGB) oder nicht den Beweis erbringen, dass der Darlehensnehmer falsche oder unvollständige Angaben zu seiner Einkommens- und Vermögenssituation gemacht hat (§ 505d Abs. 3 BGB), dann reduziert sich der Vertragszins auf einen Refinanzierungssatz (§ 505d Abs. 1 BGB). Bei einem **veränderlichen Sollzinssatz** ist das der marktübliche Satz, zu dem sich europäische Banken einander Anleihen in EURO mit einer Laufzeit von drei Monaten gewähren (§ 505d Abs. 1 Nr. 2 BGB) und bei einem **fest vereinbarten Sollzins** der marktübliche Zinssatz am Kapitalmarkt

70 *Omlor*, Neuregelung der Finanzierung von Wohnimmobilien, NJW 2017, 1633, 1637; *König*, Neue Anforderungen an die Kreditwürdigkeitsprüfungspflichten, WM 2017, 269, 273.

71 Begründung zu § 2 Abs. 3 ImmoKWPLV, BAnz AT 30.04.2018 B1, S 3.

72 Begründung zu § 2 Abs. 3 ImmoKWPLV, BAnz AT 30.04.2018 B1, S 3.

für Hypothekenpfandbriefe (§ 505d Abs. 1 Nr. 1 BGB) mit entsprechender Laufzeit. Der neue Zinssatz gilt für den Darlehensvertrag seit seinem Abschluss und der ersten Inanspruchnahme des Darlehens. Für die Restlaufzeit (zwischen Zeitpunkt der Feststellung der nicht ordnungsgemäß durchgeführten Kreditwürdigkeitsprüfung und dem Ende der Vertragslaufzeit) gilt der neue Zinssatz automatisch. Der Darlehensgeber ist daher verpflichtet, dem Darlehensnehmer den Darlehensvertrag mit den neuen Vertragsbedingungen in Textform zur Verfügung zu stellen (§ 505d Abs. 1 Satz 4 BGB).

Soweit der Darlehensnehmer einen Anspruch auf **Rückzahlung zu viel gezahlter Zinsen** zwischen Auszahlung und Feststellung der fehlerhaften Kreditwürdigkeitsprüfung hat[73], muss der Darlehensnehmer diesen Bereicherungsanspruch[74] aktiv geltend machen und den Darlehensgeber auffordern, den überschüssigen Betrag zurückzuzahlen[75]. Dieser Rückforderungsanspruch unterliegt der Regelverjährung von drei Jahren[76]. Da der Darlehensnehmer den Darlehensbetrag jederzeit und ohne Einhaltung einer Kündigungsfrist kündigen kann, kann er die Verrechnung mit der bestehenden Restschuld verlangen. Der Einwand, dass ihm keine jederzeit mögliche Rückzahlung des Kapitalbetrags zusteht, kann ihm nicht entgegengehalten werden.

Obwohl der Darlehensgeber nach § 505a Abs. 1 BGB den Darlehensvertrag nicht abschließen darf, wenn er die Kapitaldienstfähigkeit verneint, führt dieses **Abschlussverbot nicht zur Nichtigkeit** des Darlehensvertrags gemäß § 134 BGB[77]. Stattdessen bleibt der Darlehensvertrag bestehen und der Darlehensnehmer darf das ihm eingeräumte Kapitalnutzungsrecht weiterhin ausüben und das Darlehen behalten. Der Darlehensvertrag endet auch in diesem Fall nach den allgemeinen Regeln, entweder durch vollständige Tilgung des Darlehensbetrags, Ablauf der Vertragslaufzeit oder durch Kündigung durch einen der beiden Vertragsparteien. Dabei hat der **Darlehensnehmer ein jederzeitiges Kündigungsrecht** nach § 505d Abs. 1 Satz 3 BGB, das er ohne Einhaltung einer Kündigungsfrist ausüben kann. Kündigt der Darlehensnehmer den Darlehensvertrag vorzeitig, muss er keine Vorfälligkeitsentschädigung zahlen (§ 505d Abs. 1 Satz 3 BGB). Auch im Falle der Kündigung kann der Darlehensnehmer die Zinsredu-

73 *König*, Neue Anforderungen an die Kreditwürdigkeitsprüfungspflichten, WM 2017, 269, 272.

74 *Buck-Heeb*, Rechtsfolgen fehlender oder fehlerhafter Kreditwürdigkeitsprüfung, NJW 2016, 2065, 2068.

75 BT-Drs. 18/5922, S. 102.

76 BT-Drs. 18/5922, S. 102.

77 *Buck-Heeb*, Kreditvergabe nach dem Finanzaufsichtsrechtergänzungsgesetz, WM 2017, 1329, 1330.

zierung für die Zeit zwischen Auszahlung und endgültiger Rückzahlung sowie die Rückerstattung zu viel gezahlter Zinsen verlangen[78].

Anders verhält es sich dagegen beim **Darlehensgeber:** dieser ist zur weiteren Belassung des Darlehensbetrags verpflichtet und kann den Darlehensvertrag weder kündigen, noch die vorzeitige Aufhebung oder eine Änderung des Darlehensvertrags verlangen, weil die vom Darlehensnehmer gemachten Angaben unvollständig waren oder weil die Kreditwürdigkeitsprüfung des Darlehensnehmers nicht ordnungsgemäß durchgeführt wurde (§ 499 Abs. 3 Satz 1 BGB). Dies gilt jedoch nicht, wenn der Darlehensnehmer wissentlich und absichtlich falsche oder unvollständige Informationen oder Unterlagen zu seiner Einkommens- und Vermögenssituation angegeben hat und deshalb die Kreditwürdigkeitsprüfung mangelbehaftet war (§ 499 Abs. 3 Satz 2 BGB). Der Darlehensgeber kann aber den Darlehensvertrag unter den Voraussetzungen nach § 498 Abs. 1 BGB wegen Zahlungsverzugs kündigen, wenn der Darlehensnehmer seine Rückzahlungspflichten einstellt und mit einem Betrag von mindestens 2,5 % des ursprünglichen Nennbetrags in Rückstand geraten ist. In diesem Fall schuldet der Darlehensnehmer keine Verzugszinsen, keine Vorfälligkeitsentschädigung[79] und keine Rechtsverfolgungs- oder Verwertungskosten (§ 505d Abs. 2 BGB)[80].

Nach den ersten Bewertungen handelt es sich bei den beschriebenen **Sanktionen** um solche, die im Sinne der Richtlinie als **wirksam, angemessen und abschreckend** anzusehen sind. Insoweit ist es verständlich, wenn die deutsche Kreditwirtschaft, unterstützt von einigen Bundesländern, dafür eingetreten ist, in einem weiteren Gesetzgebungsverfahren die Regelungen in §§ 505a und b BGB mit Blick auf die unbestimmten Rechtsbegriffe klarer fassen zu lassen.

In der Literatur[81] wird die teilweise Auffassung vertreten, dass der Sanktionskatalog in § 505d BGB nicht abschließend sei, sondern daneben noch weitergehende Schadensersatzansprüche nach den allgemeinen Regeln des Schadensrechts hinzutreten können. Dieser Auffassung ist nicht zuzustimmen[82]. Der Gesetzgeber sah von Anfang an in den gesetzlichen Sanktionen eine abschlie-

78 a. A. *König* in Nobbe, Kommentar zum Kreditrecht, § 505d, Rn

79 BGH v. 19.01.2016 – XI ZR 103/15, ZIP 2016, 709; BGH v. 22.11.2016 – XI ZR 187/14, ZIP 2017, 119. kein Anspruch auf Vorfälligkeitsentschädigung bei verzugsbedingter Kündigung des Verbraucherdarlehensvertrags durch Darlehensgeber wegen Sperrwirkung des § 497 BGB; Entscheidung des BGH stand zum Zeitpunkt des Gesetzgebungsverfahrens noch aus, BT-Drs. 18/5922, S. 103.

80 *Kraatz/Klevenhagen*, Die Umsetzung der Wohnimmobilien-Kreditrichtlinie – ein Überblick, BKR 2017, 45, 48.

81 Zum Meinungsstand siehe *Omlor*, Neuregelung der Finanzierung von Wohnimmobilien, NJW 2017, 1633, 1637.

82 BT-Drs. 18/11774, S. 36.

ßende Regelung. Im Rahmen des Gesetzgebungsverfahrens zum Finanzaufsichtsrechtergänzungsgesetz hat er dies nochmals ausdrücklich bestätigt, ohne es allerdings im Gesetz zu erwähnen, weil er eine gesetzliche Klarstellung nicht für notwendig erachtete[83].

Im Folgenden soll geprüft werden, in welchem Verhältnis die Kreditwürdigkeitsprüfung zur Beratungsleistung nach § 511 BGB fällt.

4 Beratungsleistung nach § 511 BGB

Seit dem Inkrafttreten des Umsetzungsgesetzes wird die **Beratungsleistung zu einem Immobiliar-Verbraucherdarlehensvertrag** in § 511 BGB gesetzlich geregelt. Damit soll Art. 22 der Wohnimmobilienkreditrichtlinie umgesetzt werden. Die einfache Finanzierungsberatung bei einem **Allgemein-Verbraucherdarlehensvertrag** sollte dagegen nicht formalisiert werden, weil der Gesetzgeber fürchtete, dass eine **„formalisierte Auskunft"** darüber, ob eine Beratungsleistung erbracht wird, zu einer gegenteiligen Entwicklung führen könnte, bei der Darlehensgeber zur Vermeidung von Haftungsrisiken eine Beratung generell ausschließen würden[84].

4.1 Zustandekommen eines Beratungsvertrags bei Immobiliar-Verbraucherdarlehensverträgen

§ 511 BGB regelt nicht, wie ein Beratungsvertrag zustande kommt, sondern setzt den **Abschluss eines solchen Vertrags** voraus[85]. Nach der bisherigen Rechtsprechung des BGH kommt ein Finanzierungsberatungsvertrag bereits dann – und in der Regel – konkludent zustande, wenn der Kunde von dem Kreditinstitut zu den Konditionen eines Darlehensvertrags beraten werden will und eine Bank sich auf ein solches Gespräch einlässt oder, wenn die Bank auf den Kunden zugeht und ihm verschiedene Finanzierungsvorschläge unterbreitet und der Kunde sich darauf einlässt[86].

83 BT-Drs. 18/11774, S. 36.

84 BT-Drs. 18/5922, S. 105.

85 *Ellenberger* in Nobbe: Kommentar zum Kreditrecht, § 511 Rn. 2; *Buck-Heeb*, Finanzierungsberatung: Aufklärungspflichten und Haftung, ZIP 2018, 705, 707.

86 *Ellenberger* in Nobbe, Kommentar zum Kreditrecht, vor § 488 Rn. 2.

Nach dieser Auffassung liegt ein Beratungsvertrag nur dann nicht vor, wenn der Kunde mit einem konkreten Finanzierungswunsch an die Bank herantritt und die Bank diesen, vom Kunden gewünschten Vertrag abschließt[87].

Übertragen auf die Praxis stellt sich daher die Frage, ob unter Berücksichtigung dieser Rechtsprechung ein **Immobiliar-Verbraucherdarlehensvertrag** ohne Abschluss eines konkludent abgeschlossenen **Beratungsvertrags** überhaupt vorkommen kann, denn in den wenigsten Fällen wird der Durchschnittsverbraucher mit einem konkreten Finanzierungswunsch auf den Darlehensgeber zukommen, bei dem dieser nur noch prüfen muss, wie die Zinskonditionen sind und ob die Kreditwürdigkeit gegeben ist. Eine Ausnahme könnte für den Fall in Betracht kommen, wenn ein Dritter, z. B. ein eingebundener Darlehensvermittler die Beratungsleistung nach § 511 BGB erbracht und eine Empfehlung ausgesprochen hat.

In allen anderen Fällen werden auch in der Zukunft die Fälle einfach zu beurteilen sein, in denen sich Darlehensnehmer und Bank **formell darüber einig sind, einen Beratungsvertrag abschließen** zu wollen. Dieser muss nicht schriftlich, sondern kann auch weiterhin mündlich abgeschlossen werden. Weiterhin nicht eindeutig sind aber künftig die Fälle, die der Gesetzgeber als solche beschreibt *„...bevor der Darlehensgeber mit der Beratungsleistung beginnt“* (Art. 247 § 18 Abs. 1 Satz 1 Alt. 1 EGBGB). Der Übergang von einem als Informationsgespräch begonnenen und im Sinne einer Beratung fortgeführten Gespräch dürfte dabei fließend sein.

Dagegen geht der Gesetzgeber wohl davon aus, dass ein konkludenter Abschluss eines Beratungsvertrags nicht mehr möglich sein sollte. Denn nach der Gesetzesbegründung geht der Beratung **immer** der **formale Akt** einer **Auskunft über die Bereitschaft** zur Erbringung einer Beratungsleistung voraus[88]. Dies entspricht auch einer verbreiteten Auffassung[89], wonach der Darlehensgeber – oder der Darlehensvermittler – **vorab zusätzlich darüber zu informieren hat, ob** er bereit ist, Beratungsleistungen zu erbringen, obwohl sich diese Anforderung für den Darlehensgeber nicht unmittelbar aus dem Wortlaut des Art. 247 § 18 EGBGB ergibt. Ein „nach der derzeitigen Rechtslage“[90] bereits konkludent zustande kommender Beratungsvertrag zu einem Immobiliar-Verbraucherdarlehensvertrag sollte bei Beachtung des Art. 247 § 18 EGBGB daher künftig nicht mehr gängige Praxis sein.

87 *Ellenberger* in Nobbe, Kommentar zum Kreditrecht, vor § 488 Rn. 3.
88 BT-Drs. 18/5922, S. 105.
89 *Buck-Heeb*, Finanzierungsberatung: Aufklärungspflichten und Haftung, ZIP 2018, 705, 707; BT-Drs. 18/5922, S. 105.
90 BT-Drs. 18/5922, S. 105.

Ist ein Darlehensgeber bereit, Beratungsleistungen zu erbringen, hat er darüber hinaus gegenüber dem Darlehensnehmer seine **vorvertraglichen Informationspflichten zur Beratungsleistung** nach Art. 247 § 18 EGBGB erfüllen. Mit diesen informiert er den potentiellen Darlehensnehmer darüber, ob er für seine Beratungsleistung ein **Entgelt** verlangt und **welche Produkte** er bei seiner Beratung berücksichtigt. Der Darlehensgeber darf sich auf seine **eigenen Finanzierungsangebote** beschränken, soweit diese eine ausreichende Auswahl aus verschiedenen Angebotsvarianten ermöglichen. Am Markt verfügbare, aber fremde Finanzierungsangebote braucht der Darlehensgeber grundsätzlich nicht zu berücksichtigen, wobei allerdings **öffentliche Förderkredite** stets in die Prüfung und Bewertung einzubeziehen sind, wenn das Finanzierungsvorhaben mit den Förderbedingungen des jeweiligen Förderinstituts im Einklang steht[91]. Diese vorvertraglichen Informationen zum Beratungsvertrag sind gegenüber dem Darlehensnehmer auf einem dauerhaften Datenträger zu erbringen (Art. 247 § 18 Abs. 2 EGBGB). Mit Art. 247 § 18 EGBGB wird Art. 22 Abs. 1 und 2 Wohnimmobilienkreditrichtlinie umgesetzt. Nimmt der Darlehensnehmer das Angebot an, kommt zwar nicht notwendiger Weise ein schriftlicher Beratungsvertrag zustande, aber beide Vertragsparteien sind sich einig, dass dem folgenden Gespräch ein **Beratungsvertrag** zugrundeliegt, wonach der Darlehensgeber eine Empfehlung für eine für den Darlehensnehmer günstigsten Finanzierung schuldet[92]. Der Beratungsvertrag kann weiterhin formlos abgeschlossen werden.

Nicht nur Darlehensgeber sind Normadressat des § 511 BGB. Auch **Darlehensvermittler** können Beratungsleistung im Zusammenhang mit einem Immobiliar-Verbraucherdarlehensvertrag erbringen (§ 655a Abs. 3 BGB). Für den Darlehensvermittler, der Beratungsleistung anbietet, gelten § 511 BGB und Art. 247 § 18 EGBGB entsprechend. Nach Art. 247 § 13b Abs. 1 Nr. 4 EGBGB muss auch der **Darlehensvermittler** den Darlehensnehmer im Rahmen seiner vorvertraglichen Informationen zur Darlehensvermittlung darüber informieren, ob er **Beratungsleistungen anbietet.** Auf welche Finanzierungsangebote sich die Beratung eines Darlehensvermittlers beziehen (muss), richtet sich nach dem **Status des Darlehensvermittlers.** Handelt es sich um einen Darlehensvermittler, der nur für einen (als gebundener Darlehensvermittler) oder nur für wenige Darlehensgeber die Darlehensvermittlung übernimmt, kann sich seine Beratung auf die eingeschränkte Produktpalette dieser konkret benannten Darlehensgeber beschränken (§ 655a Abs. 3 Satz 3 BGB). Alle anderen Darlehensvermittler, die nicht nur mit einem oder einer beschränkten Anzahl von Darlehensgebern zusam-

91 *Schürnbrand* in MünchKomm, BGB, 2017, § 511 Rn. 23.
92 *Ellenberger* in Nobbe, Kommentar zum Kreditrecht, vor § 488 Rn. 5.

menarbeiten, müssen eine **ausreichende Zahl von am Markt verfügbaren Darlehensverträgen** prüfen (§ 655a Abs. 3 Satz 2 iVm § 511 Abs. 2 Satz 2 BGB).

Ein **Beratungsvertrag kommt jedoch dann nicht zustande**, wenn der Darlehensnehmer es ablehnt, beraten zu werden, aber dennoch von dem Darlehensgeber Informationen über verschiedene Finanzierungslösungen erwartet. Dies sollte grundsätzlich möglich sein, ist aber für den Darlehensgeber nicht ohne Risiko. Lässt sich der Darlehensgeber auf ein solches Gespräch ein, darf er die mögliche Auswahl der Immobiliar-Verbraucherdarlehensverträge **nicht bewerten** und **keine Empfehlung** aussprechen, sondern muss sich auf seine gesetzlich geschuldeten, vorvertraglichen Informations- und Erläuterungspflichten beschränken. Der Darlehensgeber sollte dokumentieren, dass der etwaige spätere Vertragsabschluss ohne vorangegangene Beratungsleistung erfolgt. Zur Dokumentation eignet sich das ESIS – Merkblatt (Anlage 6 zu Art. 247 § 1 EGBGB) unter Nr. 1, wonach eingetragen werden kann, „wir empfehlen Ihnen keinen bestimmten Kredit".

Da bei dem **Darlehensgeber** im allgemeinen[93] angenommen wird, dass er vorab darüber zu informieren hat, ob er Beratungsleistungen im Zusammenhang mit Immobiliar-Verbraucherdarlehensverträgen zu erbringen bereit ist und der **Darlehensvermittler** sogar verpflichtet ist, über diese Bereitschaft zu informieren (Art. 247 § 13b Abs. 1 Nr. 3 EGBGB), ist es theoretisch denkbar, dass der Darlehensgeber bzw. der Darlehensvermittler bei der Anbahnung eines Immobiliar-Verbraucherdarlehensvertrags die Erbringung einer **Beratungsleistung ablehnen kann.** In der Praxis wird sich dies jedoch als schwierig herausstellen. Zwar dokumentiert der Darlehensgeber oder Darlehensvermittlung mit einer solchen **Auskunft, dass er keinen Rechtsbindungswillen** zum Abschluss eines Finanzierungsberatungsvertrags hat. Allerdings könnte aus den Begleitumständen bei den Vertragsverhandlungen[94] ein anderer Eindruck beim Darlehensnehmer entstehen, so dass für den Darlehensgeber oder dem Darlehensvermittler das Risiko eines, trotz fehlenden Rechtsbindungswillens, konkludent abgeschlossenen Finanzierungsberatungsvertrags besteht[95].

93 *Buck-Heeb,* Finanzierungsberatung: Aufklärungspflichten und Haftung, ZIP 2018, 705, 707.
94 *Buck-Heeb,* Finanzierungsberatung: Aufklärungspflichten und Haftung, ZIP 2018, 705, 707.
95 *Buck-Heeb,* Finanzierungsberatung: Aufklärungspflichten und Haftung, ZIP 2018, 705, 707.

4.2 Inhalt der Beratungsleistung (§ 511 BGB)

Wird ein **Finanzierungsberatungsvertrag abgeschlossen**, muss der Darlehensgeber den Darlehensnehmer grundsätzlich in Anlehnung an die für die Anlageberatung entwickelten Grundsätze „Darlehensnehmer- und Darlehensvertrags(Objekt)gerecht“[96] beraten. Ziel eines Finanzierungsberatungsvertrags ist, dem Verbraucher mit einer **konkreten Empfehlung** für einen oder mehrere geeignete Darlehensverträge die Auswahlentscheidung zwischen verschiedenen Finanzierungskonzepten **zu erleichtern**[97]. Sie dient also nicht dazu, dem Verbraucher die Entscheidung abzunehmen. Entgegen der Erläuterungspflicht, die zum Ziel hat, dem Darlehensnehmer den angebotenen Darlehensvertrag und seine Auswirkungen produktbezogen verständlich zu machen, ist die Finanzierungsberatung konkret auf den Darlehensnehmer bezogen und führt zu einer individuellen Empfehlung[98]. Beratungsleistung ist in § 511 Abs. 1 Satz 1 BGB legaldefiniert als „individuelle Empfehlung zu einem oder mehreren Geschäften, die im Zusammenhang mit einem Immobiliar-Verbraucherdarlehensvertrag stehen“.

Die Beratungsleistung unterteilt sich in **drei Abschnitte:**

4.2.1 Kundenexploration[99]

Zunächst hat der Darlehensgeber **umfangreiche Informationen** zur persönlichen und finanziellen Situation des Darlehensnehmers, zu seinem Bedarf, seinen Präferenzen und Zielen einzuholen[100], soweit sie für den Darlehensvertrag erforderlich sind[101]. Liegen dem Darlehensgeber zu diesem Zeitpunkt bereits die nach Art. 247 § 1 Abs. 1 EGBGB zum Zweck der Kreditwürdigkeitsprüfung eingeholten Informationen und Unterlagen, insbesondere zur Beurteilung der Einkommens- und Vermögensverhältnisse in aktueller Fassung vor, kann der Darlehensgeber diese Informationen auch für die Beratung verwenden[102]. Dar-

---

96 BT-Drs. 18/5922, S. 107.

97 BT-Drs. 18/5922, S. 105.

98 BT-Drs. 18/5922, S. 105.

99 *V. Klitzing/Seiffert*, Der neue Beratungsprozess für Immobiliar-Verbraucherdarlehensverträge, WM 2016, 774, 777.

100 *V. Klitzing/Seiffert*, Der neue Beratungsprozess für Immobiliar-Verbraucherdarlehensverträge, WM 2016, 774, 777.

101 *Schürnbrand* in MünchKomm, BGB, 2017, § 511 Rn. 16.

102 BT-Drs. 18/5922, S. 106.

über hinaus muss der Darlehensgeber aber auch Informationen zu den **Zielen und Präferenzen** des Darlehensnehmers einholen. Den Darlehensgeber trifft insoweit eine zivilrechtliche **Erkundigungspflicht**, die ihn auch verpflichtet, bereits vorhandene Informationen über den Darlehensnehmer auf Aktualität prüfen und aktualisieren zu müssen[103]. Informationen zu Präferenzen und Ziele, wie z. B. der Wunsch, die vollständige Rückzahlung des Darlehensvertrags im Zeitpunkt des voraussichtlichen Eintritts in den Ruhestand anzustreben oder die Information, dass der Immobilienerwerb als Teil der Altersvorsorge (als zusätzliche Einnahmequelle zur Erzielung von Einkünften aus Vermietung und Verpachtung oder mietfreies Wohnen) angesehen wird, sind einzuholen und für die Prüfungsphase von Bedeutung.

4.2.2 Prüfung oder Analyse

Auf Basis der **aktuellen Informationen** und unter Zugrundelegung realistischer Annahmen der Risiken[104], die für den Darlehensnehmer während der voraussichtlichen Vertragslaufzeit zu erwarten sind, hat der Darlehensgeber eine ausreichende Anzahl von Darlehensverträgen (zumindest) aus seiner Produktpalette auf **Geeignetheit zu prüfen** (§ 511 Abs. 2 Satz 2 BGB). Bei der Prüfung der Geeignetheit aus der eigenen Produktpalette oder unter Berücksichtigung zusätzlicher Finanzierungsangebote von weiteren Kreditgebern muss der Darlehensgeber zwar das verfolgte Ziel des Darlehensnehmers bedenken, er muss aber nicht die Wirtschaftlichkeit oder Sinnhaftigkeit des Finanzierungsvorhabens prüfen[105]. Das Risiko des Verwendungszwecks trägt bei der Finanzierungsberatung grundsätzlich der Darlehensnehmer[106]. Eine Ausnahme besteht nur dann, wenn der Finanzierungsberater die Beratung zum Investitionsvorhaben zugesagt hat[107]. Bei der Beratung kann der Darlehensgeber von dem Beratungsbedarf eines **durchschnittlich gebildeten und informierten Verbrauchers** ausgehen[108]. Nur wenn konkrete Anhaltspunkte dafür bestehen, dass der zu beratende Verbraucher mehr

103 *Buck-Heeb*, Finanzierungsberatung: Aufklärungspflichten und Haftung, ZIP 2018, 705, 708.

104 *V. Klitzing/Seiffert*, Der neue Beratungsprozess für Immobiliar-Verbraucherdarlehensverträge, WM 2016, 774, 777.

105 *Schürnbrand* in MünchKomm, BGB, 2017, § 511 Rn. 18.

106 *Buck-Heeb*, Aufklärungs- und Beratungspflichten bei Kreditverträgen – Verschärfungen durch die EuGH-Rechtsprechung und die Wohnimmobilienkredit-Richtlinie, BKR 2015, 177, 185.

107 *Buck-Heeb*, Aufklärungs- und Beratungspflichten bei Kreditverträgen – Verschärfungen durch die EuGH-Rechtsprechung und die Wohnimmobilienkredit-Richtlinie, BKR 2015, 177, 185.

108 BT-Drs. 18/5922, S. 106.

oder aufgrund von Vorerfahrungen weniger Beratungsbedarf hat, muss der Darlehensgeber dies bei dem Umfang und der Tiefe seiner Beratungsleistung beachten[109]. Im Rahmen der Analyse muss der Darlehensgeber neben den **spezifischen Risiken**, die für den konkreten Darlehensnehmer bestehen[110], auch die **allgemeinen Lebensrisiken**, die während der Vertragslaufzeit eintreten können, in die Betrachtung einbeziehen. Wobei er dabei keine konservative, also risikoarme Annahme zugrunde legen muss[111], sondern eine realistische Einschätzung treffen darf[112]. Dabei wird dem Darlehensgeber ein gewisser **Einschätzungsspielraum** eingeräumt, der aber nicht dazu führen darf, dass die Geeignetheit des empfohlenen Darlehensvertrags von Zufällen abhängig ist.

Trotz dieser Anforderungen an die Geeignetheitsprüfung liegt darin **keine vorweggenommene Kreditwürdigkeitsprüfung.** Weder der Darlehensvermittler noch der Darlehensgeber sind verpflichtet, im Rahmen ihrer Beratungsleistungen eine abschließende Kreditwürdigkeitsprüfung durchzuführen, bevor sie eine Empfehlung aussprechen. Der Darlehensvermittler schon deswegen nicht, weil er als Darlehensvermittler eine solche nicht schuldet. Normadressat von §§ 505a BGB und 18a KWG ist nur der Darlehensgeber. Und der Darlehensgeber deshalb nicht, weil er die Kreditwürdigkeitsprüfung erst **unmittelbar** vor dem Abschluss des konkreten, von dem Darlehensnehmer schließlich ausgewählten Immobiliar-Verbraucherdarlehensvertrags schuldet (vgl. Wortlaut des § 505a BGB). Die Beratungsleistung liegt in der chronologischen Folge einer Vertragsanbahnung vor dem Abschluss des vom Darlehensnehmer ausgewählten Immobiliar-Verbraucherdarlehensvertrags und dient dem Ziel, dem Verbraucher die **Auswahl** zwischen verschiedenen Finanzierungsangeboten zu **erleichtern**[113]. Dabei müssen, wie oben bereits dargelegt, die Einkommens- und Vermögensverhältnisse neben den Zielen, Motiven und Präferenzen des Verbrauchers bei der Auswahl aus der Produktpalette Berücksichtigung finden, denn ein Darlehensvertrag, durch den der Darlehensnehmer offensichtlich finanziell überfordert wird, kann nicht als geeignet angesehen werden[114]. Eine Kreditwürdigkeitsprüfung, wie nach §§ 505a und b BGB bzw. § 18a KWG gefordert, ist in diesem Rahmen dennoch nicht erforderlich. Rechtzeitig vor dem Abschluss eines Verbraucherdarlehensvertrags ist der Darlehensgeber verpflichtet, dem Verbraucher die vorvertraglichen Informationen zur Verfügung zu stellen und den angebote-

109 BT_Drs. 18/5922, S. 106.
110 BT-Drs. 5922, S. 106.
111 BT-Drs. 5922, S. 106.
112 BT-Drs. 5922, S. 106.
113 BT-Drs. 5922, S. 105.
114 *Schürnbrand* in MünchKomm, 2017, BGB, § 511 Rn. 24.

nen Darlehensvertrag zu erläutern. Nach der Rechtsprechung des EuGH wird die Durchführung der **Kreditwürdigkeitsprüfung nicht vor der Erläuterung** geschuldet, sondern kann danach erfolgen[115]. Wenn dies für die Erläuterung des Vertragsangebots gilt, dann gilt dies erst recht für die etwaig erbrachten Beratungsleistungen, die zu einer Empfehlung eines oder mehrerer geeigneter Immobiliar-Verbraucherdarlehensverträge münden, die der Darlehensgeber dem Verbraucher gegenüber erläutern muss. Entscheidet sich der Darlehensnehmer nach Erbringung dieser vorvertraglichen Pflichten für einen bestimmten Immobiliar-Verbraucherdarlehensvertrag, darf der Darlehensgeber diesen erst nach der finalen Kreditwürdigkeitsprüfung abschließen.

Allerdings kann das **Ergebnis einer Kreditwürdigkeitsprüfung** dazu führen, dass eine ausgesprochene Empfehlung für einen bestimmten Darlehensvertrag korrigiert werden muss, wenn sich herausstellen sollte, dass der Darlehensnehmer den empfohlenen Vertrag wahrscheinlich nicht wird erfüllen können. Insoweit ist die vorgenannte Entscheidung des EuGH zur erforderlichen Korrektur einer bereits erbrachten Erläuterung auf die Beratungsleistung übertragbar. Im Zweifel muss unter der neu gewonnenen Erkenntnis zur Zahlungsfähigkeit des Verbrauchers die Gesamtsituation des Verbrauchers erneut analysiert und bewertet und ggf. ein anderer Darlehensvertrag empfohlen werden. Verweigert sich der Darlehensnehmer dieser neuen Empfehlung und besteht auf den Abschluss des zunächst empfohlenen Darlehensvertrags, wird der Darlehensgeber den Abschluss des Darlehensvertrags bei Zweifeln an seiner Erfüllbarkeit durch den Darlehensnehmer ablehnen müssen[116].

4.2.3 Empfehlung

Auf der Grundlage der Prüfung und Analyse der aktuellen Informationen schuldet der Darlehensgeber dem Darlehensnehmer gegenüber eine **Empfehlung zu einem oder mehreren Darlehensverträgen**, die er für geeignet hält. Der Darlehensgeber hat dem Darlehensnehmer grundsätzlich den für ihn günstigsten Darlehensvertrag zu empfehlen; dabei muss es sich nicht zwingend um den billigsten handeln, sondern um einen Vertrag, der unter Berücksichtigung der Motive, Ziele und Präferenzen des Darlehensnehmers als geeignet erscheint, die Vorstellungen und Ziele des Darlehensnehmers zu erreichen. Nach dem Wortlaut

115 EuGH v. 18.12.2014 – C-449/13 „CA Consumer Finance SA" juris

116 *Buck-Heeb*, Aufklärungs- und Beratungspflichten bei Kreditverträgen – Verschärfungen durch die EuGH-Rechtsprechung und die Wohnimmobilienkredit-Richtlinie, BKR 2015, 177.

des § 511 Abs. 3 soll die Analyse der Informationen und die Prüfung der zur Verfügung stehenden Produktpalette im Sinne von § 511 Abs. 2 BGB zur Empfehlung eines oder mehrerer geeigneter Darlehensverträge führen. Unter Berücksichtigung dieses Wortlauts schuldet der Darlehensgeber also **nicht die Empfehlung nur eines einzigen, für den Verbraucher am besten geeignetsten Produktes.** Die Empfehlung muss zum Zeitpunkt ihrer Erteilung aber vertretbar sein[117]. Kann er aus seiner Produktpalette kein geeignetes Produkt identifizieren, muss er dies dem Darlehensnehmer ebenfalls mitteilen (§ 511 Abs. 3 BGB). Die Empfehlung ist auf einem dauerhaften Datenträger zur Verfügung zu stellen, wofür das ESIS-Merkblatt (Anlage 6 zu Art. 247 § 1 EGBGB) verwendet werden kann. Dort kann der Darlehensgeber unter Abschnitt 1 „Kreditgeber" angeben, dass das nachfolgende Angebot aufgrund der vorangegangenen Beratungsleistung empfohlen wird. Ein Beratungsprotokoll wie im Wertpapiergeschäft ist jedoch nicht geschuldet, wird aber empfohlen[118].

4.2.4 Weitere Aufklärungs- und Informationspflichten

Außerdem hat der Darlehensgeber gegenüber dem Darlehensnehmer **weitergehende Aufklärungen** und Informationen zu den mit dem Darlehensvertrag einhergehenden **Risiken** zu erbringen, wenn er erkennt, dass diese für den Darlehensnehmer bei seiner Entscheidungsfindung relevant sind. Soweit bei **komplexeren Kreditverträgen finanzielle oder rechtliche Risiken** bestehen, muss der Darlehensgeber diese transparent offenlegen und darf nicht nur die Chancen betonen und dadurch die Risiken verharmlosen[119]. Bei Finanzierungen, bei denen während der Vertragslaufzeit die **Tilgungen gegen Abschluss einer Kapitallebensversicherung ausgesetzt** werden, muss der Darlehensgeber darauf hinweisen, dass solche Finanzierungen im Verhältnis zu einem üblichen Annuitätendarlehensvertrag deutlich teurer sind und das Risiko in sich tragen, dass die Abschlussleistung am Ende der Laufzeit nicht ausreichen wird, die vollständige Rückzahlung des ausstehenden Darlehensbetrags zu gewährleisten[120]. Diese Aufklärungs- und Hinweispflicht ergibt sich bereits aus Art. 247 § 8 Abs. 2 EGBGB. Auch die Tatsache, dass bei einem **variabel verzinslichen Darlehensvertrag** der Sollzinssatz unbegrenzt steigen kann, wenn **keine Zinsobergrenze** vereinbart

117 *Schürnbrand* in MünchKomm, BGB, 2017, § 511 Rn. 25.
118 *v. Klitzing/Seiffert*, Der neue Beratungsprozess für Immobiliar-Verbraucherdarlehen, WM 2016, 774, 779.
119 BGH v. 19.12.2017 – XI ZR 152/17, juris.
120 *Ellenberger* in Nobbe, Kommentar zum Kreditrecht, vor § 488 Rn. 2.

wird, kann Anlass dafür geben, den Darlehensnehmer auf dieses Risiko hinzuweisen[121]. Nach der Rechtsprechung des EuGH muss der Darlehensgeber über die **rechtliche und wirtschaftliche Wirkungsweise einer Zinsfloorklausel** transparent und verständlich vor Vertragsschluss aufgeklärt werden[122]. Eine fehlende oder unvollständige Aufklärung lässt die Beratungsleistung des Darlehensgebers fehlerhaft werden und kann zu Schadensersatzansprüchen gegenüber dem Darlehensnehmer führen[123].

4.3 Folgen einer Fehlberatung

Kommt es zu einer Fehlberatung und erleidet der Verbraucher dadurch einen Schaden, richten sich seine Ansprüche grundsätzlich nach den allgemeinen Regeln des Schadensersatzrechts, §§ 249 ff. BGB[124]. Die Haftung aus Verletzung von Pflichten aus dem Finanzierungsberatungsvertrag ergibt sich aus § 280 Abs. 1 BGB[125]. Danach müsste der Darlehensnehmer so gestellt werden, wie er stünde, wenn die Aufklärungs- und Beratungspflichten aus dem Finanzierungsberatungsvertrag ordnungsgemäß erfüllt worden wären[126]. Die mittlerweile gefestigte Rechtsprechung des BGH hat jedoch die Schadensersatzansprüche bei einer **Finanzierungsberatung** auf die **Differen**z zwischen den Gesamtkosten des abgeschlossenen Darlehensvertrags und den Kosten eines günstigeren Darlehensvertrags beschränkt, da der Darlehensgeber bei der Finanzierungsberatung die **Empfehlung der günstigsten Finanzierung** schuldet[127]. Kommt es zu einer fehlerhaften Beratung kann der Darlehensnehmer daher regelmäßig nicht die Rückabwicklung des Darlehensvertrags verlangen, sondern nur den **Differenzschaden** zwischen dem abgeschlossenen Darlehensvertrag und einem Darlehensvertrag, der für den Darlehensnehmer günstiger gewesen wäre[128].

Aus dem Gesetz ergibt sich nicht, ob ein Immobiliar-Verbraucherdarlehensvertrag abgeschlossen werden darf, wenn der Darlehensgeber zwar berät und dem Darlehensnehmer ein oder mehrere geeignete Darlehensverträge empfiehlt, der **Darlehensnehmer der Empfehlung aber nicht folgt**, sondern den Ab-

121 OLG Düsseldorf v. 22.12.2016 – I U 57/16, BKR 2018, 160.
122 EuGH v. 21.12.2016, C – 154/15, NJW 2017, 1014.
123 BGH v. 01.07.2014 – XI ZR 247/12, WM 2014, 1621; BGH v. 19.12.2017 – XI ZR 152/17, juris.
124 *Schürnbrand* in MünchKomm, 2017, BGB, § 511 Rn. 34.
125 *Buck-Heeb*, Finanzierungsberatung: Aufklärungspflichten und Haftung, ZIP 2018, 705, 713.
126 *Buck-Heeb*, Finanzierungsberatung: Aufklärungspflichten und Haftung, ZIP 2018, 705.
127 *Ellenberger* in Nobbe, Kommentar zum Kreditrecht, vor § 488 Rn. 5.
128 BGH v. 1.7.2014 – XI ZR 247/12, juris.

schluss eines anderen Immobiliar-Verbraucherdarlehensvertrags bevorzugt. In diesem Fall darf der Darlehensgeber den gewünschten Vertrag abschließen, wenn er aufgrund seiner Kreditwürdigkeitsprüfung zu dem Ergebnis kommt, dass der Darlehensnehmer wahrscheinlich in der Lage sein wird, die vertraglich geschuldeten Leistungen aus dem gewünschten Vertrags zu erbringen. Es besteht **kein Verbot**[129], den Darlehensvertrag abzuschließen, wenn der Verbraucher der erteilten Empfehlung nicht folgt. Stellt sich später heraus, dass der empfohlene Darlehensvertrag die günstigere Variante für den Darlehensnehmer gewesen wäre, haftet der Darlehensgeber für diesen Schaden nicht, weil seine Beratungsleistung für den entstandenen Schaden nicht kausal war. Der Darlehensgeber sollte aber im eigenen Interesse sicherstellen, dass der Verlauf der Gespräche dokumentiert wird, um sich gegen spätere Schadensersatzansprüche verteidigen zu können.

5 Folgen von Fehlern bei der Kreditwürdigkeitsprüfung und Fehlern bei der Beratung

Wie dargelegt, werden für die Kreditwürdigkeitsprüfung und die Beratungsleistung weitgehend dieselben Informationen und Unterlagen zu den Einkommens- und Vermögensverhältnissen des Verbrauchers herangezogen und ähnliche Annahmen zu den voraussichtlichen Risiken getroffen, die während der Vertragslaufzeit eintreten können. Dennoch stehen **Kreditwürdigkeitsprüfung und Beratungsleistung als eigenständige Tätigkeiten** nebeneinander und dienen unterschiedlichen **Zielen.** Ziel der **Beratung** ist dem Darlehensnehmer die Auswahl unter verschiedenen Finanzierungsangeboten zu erleichtern[130]. Ziel einer **ordnungsgemäßen Kreditwürdigkeitsprüfung** ist dagegen die Sicherstellung, dass der Darlehensnehmer vor einer **unverantwortlichen Kreditaufnahme und Kreditvergabe geschützt wird.** Der Darlehensgeber ist daher verpflichtet, vor Abschluss des konkreten, vom Darlehensnehmer ausgewählten Immobiliar-Verbraucherdarlehensvertrags nach weitgehend objektiven Kriterien zu prüfen, ob der Darlehensnehmer wahrscheinlich in der Lage sein wird, seinen vertraglichen Zahlungspflichten nachzukommen.

129 *Schürnbrand* in MünchKomm, 2017, BGB, § 511 Rn. 25.
130 BT-Drs. 18/5922, S. 105.

Hat der Darlehensgeber eine falsche Empfehlung erteilt und war auch die Kreditwürdigkeitsprüfung unzureichend, könnten die allgemeinen Grundsätze des Schadensrechts zur Anwendung kommen, denn der Darlehensnehmer wäre vermutlich aufgrund seiner fehlenden Kreditwürdigkeit nicht in der Lage gewesen, einen günstigeren Darlehensvertrag abzuschließen. In diesem Fall ist nicht auszuschließen, dass der Darlehensnehmer die **Freistellung von sämtlichen Zahlungspflichten** (Zinsen, Kosten und Rückzahlungen) aus dem Darlehensvertrag verlangen könnte, müsste sich aber die etwaig aus dem Geschäft erzielten Vermögensvorteile im Wege des Vorteilsausgleichs anrechnen lassen[131]. Diese Fragestellung ist noch offen und es bereits absehbar, dass sich die Rechtsprechung damit künftig wird befassen müssen, um darauf Antworten zu finden.

6 Fazit

Im Ergebnis lässt sich festhalten, dass die gesetzlich sanktionierte, zivilrechtliche Pflicht zur Kreditwürdigkeitsprüfung zur Unsicherheit bei der Kreditvergabe von Immobiliar-Verbraucherdarlehensverträgen geführt und die nachfolgende, zu Recht erfolgte Diskussion über die Umsetzung der Wohnimmobilienkreditrichtlinie ausgelöst hatte, so dass der Gesetzgeber sich veranlasst sah, das zum 21. März 2016 in Kraft getretene Umsetzungsgesetz nachzubessern.

Die Leitlinien-Verordnung zu den Kriterien und Methoden bei Durchführung der Kreditwürdigkeitsprüfung tragen zur Rechtssicherheit bei, denn ein Großteil der offenen Fragen, die nicht nur die Kreditwirtschaft beschäftigte, wird durch die Leitlinien-Verordnung beantwortet.

Die Sanktionen bei einer fehlerhaften Kreditwürdigkeitsprüfung sind abschließend in § 505d BGB geregelt und gleichermaßen angemessen wie wirksam und abschreckend für den Darlehensgeber. Neben diese Sanktionen können weitere Ansprüche des Darlehensnehmers treten, insbesondere dann, wenn die Beratungsleistungen des Darlehensgebers zu für den Darlehensnehmer nachteiligen Empfehlungen geführt haben.

Die weiteren gesetzgeberischen Maßnahmen zwischen 2016 und 2018 haben die Situation gegenüber März 2016 zwar verbessert, es bleibt aber dennoch eine Reihe von Fragen offen, die erst im Laufe der Zeit durch Rechtswissenschaft und Rechtsprechung beantwortet werden wird.

131 *Schürnbrand* in MünchKomm, 2017, BGB, § 511 Rn. 34; *Buck-Heeb*, Finanzierungsberatung: Aufklärungspflichten und Haftung, ZIP 2018, 705, 713.

Tagungsbericht[1]

1 Einleitung

Der 29. Bankrechtstag der Bankenrechtlichen Vereinigung – Wissenschaftliche Gesellschaft für Bankrecht e.V. (BrV) fand am 29. Juni 2018 in Wien statt.

2 Begrüßung

Univ.-Professor Dr. *Peter O. Mülbert*, Universität Mainz und Mitglied des Vorstands der Bankrechtlichen Vereinigung – Wissenschaftliche Gesellschaft für Bankrecht e.V. (BrV), begrüßte die Teilnehmer

3 1. Abteilung

Die erste Abteilung moderierte Univ.-Prof. Dr. *Raimund Bollenberger*, Wirtschaftsuniversität Wien.

1. Univ.-Prof. Dr. *Nikolaus Forgó*, Universität Wien, hielt den ersten Vortrag des Bankrechtstages 2018 und referierte über „Die Umsetzung der Datenschutz-Grundverordnung in der österreichischen Kreditwirtschaft".

Einleitend stellte *Forgó* fest, dass die meisten Ziele der DSGVO nicht erreicht worden seien. Zur Verdeutlichung des Scheiterns von „one continent – one law", „internet fits" und „one size fits all" stellte *Forgó* die Vielzahl an Datenschutzgesetzen in Österreich dar. Darüber hinaus stellte er fest, dass die meisten Vorgaben der Richtlinie bereits geltendes, jedoch nur wenig bekanntes Recht seien. So habe es bereits vor der Einführung der Datenschutzgrundverordnung in Deutschland die Vorgaben an einen Datenschutzbeauftragten, die Erstellung von Verarbeitungsverzeichnissen und die Datenschutzfolgenabschätzung gegeben. Als bedeutende Erweiterung für Deutschland könne jedoch die Einführung um-

1 Auszüge aus *Wentz*, Bericht über den Bankrechtstag am 29. Juni 2018 in Wien, WM 2018, 1385.

https://doi.org/10.1515/9783110641103-007

fassenderer Dokumentationspflichten gesehen werden. Die erhöhte Sichtbarkeit der DSGVO führte *Forgó* auf die deutlich erhöhten Strafandrohungen der DSGVO zurück.

Im weiteren Verlauf des Vortrages ging *Forgó* auf die verschärften Dokumentationspflichten des Art. 5 Abs. 2 DSGVO ein und erörterte dabei die sog. „accountability", wonach die Konformität mit dem Datenschutz auch jederzeit nachweisbar sein müsse. Die Folge sei das erhöhte Aufkommen der in Art. 30 DSGVO normierten Verarbeitungsverzeichnisse in großen Unternehmen. Auch erläuterte *Forgó* das sog. „Verbot mit Erlaubnisvorbehalt" des Art. 6 DSGVO, wonach alles verboten sei, was nicht ausdrücklich erlaubt ist.

Forgó stellte in Aussicht, dass in Zukunft wohl die Auskunftsrechte mehr im Fokus stehen würden. Dies leitete er aus dem Umstand ab, dass die österreichische Datenschutzbehörde auf ihrer Website ein entsprechendes Formular zur Geltendmachung bereithalte und unter Bezugnahme auf die DSGVO entschieden habe, dass eine Bank Überweisungsnachweise für die letzten fünf Jahre seinen Kunden unentgeltlich zur Verfügung zu stellen habe.

Zuletzt ging *Forgó* noch auf das in Art. 20 DSGVO normierte Recht auf Datenportabilität, wonach Daten in einem gängigen und maschinenlesbaren Format herauszugeben und auch direkt zu übermitteln sind, und dessen seiner Ansicht nach eher problematischen Umsetzung ein und gab den Hinweis, dass sich die Bankenbranche in Zukunft mehr mit Art. 32 DSGVO – der Sicherheit der Datenverarbeitung – befassen müsse und dass die DSGVO durch ihre Bezugnahme auf „soft law" und Branchenstandards die Chance biete, die brancheninterne Organisation zu überarbeiten.

2. Zu Beginn der sich anschließenden Diskussion stellte *Thorsten Höche*, Rechtsanwalt/Chefsyndikus, Berlin, die Frage, ob die Umsetzung und insbesondere die Sanktionen, welche nach österreichischem Recht vorgesehen sind, europarechtskonform seien. Hierauf antwortete *Forgó*, dass er in einem Gespräch mit einer Mitarbeiterin einer österreichischen Datenschutzbehörde die Information erhalten habe, dass sich die dortigen Datenschutzbehörden unmittelbar an die Richtlinie gebunden sehen und im Zweifel auch nicht davor zurückschrecken würden, diese direkt anzuwenden.

Bollenberger stellte die Frage nach einer zeitlichen Begrenzung des Rechts auf Datenabfrage. Hierauf antwortete *Forgó*, dass es nur insoweit ein zeitliches Limit gebe, als nur über Daten Auskunft gegeben werden könne, die noch vorhanden sind.

Mathias Roder, Bayrisches Staatsministerium für Umwelt und Verbraucherschutz, wies auf die Befürchtung einer Abmahnwelle durch Kanzleien oder auch Mitbewerber hin und schloss die Frage an, ob eine Durchsetzung des Datenschutzrechts durch andere Akteure als die Datenschutzbehörden auch in Österreich befürchtet werde. *Forgó* bejahte dies und gab zu bedenken, dass auch in Österreich Akteure jenseits der Datenschutzbehörden das Datenschutzrecht durchsetzen würden. Eine Abmahnwelle werde jedoch nicht erwartet.

3. Rechtsanwalt Daniel *Selig*, Deutscher Sparkassen und Giroverband e.V., Berlin, referierte zum Thema „Die Datenschutzgrundverordnung und ihre Umsetzung in der deutschen Kreditwirtschaft". Besonderes Augenmerk legte er bei seinem Vortrag auf den Umgang mit personenbezogenen Daten und die Schwierigkeit der Umsetzung der Datenschutzgrundverordnung aus verbandspolitischer Sicht.

Die Umsetzung habe vor allem auf der Ebene der Spitzenverbände und der Deutschen Kreditwirtschaft (DK) stattgefunden, wobei *Selig* die Probleme bei der Umsetzung aufgrund der weitreichenden Definition der personenbezogenen Daten und des schwer überschaubaren Regelungswerkes thematisierte.

Weiter erläuterte *Selig*, dass die DK Anfang 2016 eine Ermittlung der Änderungen zur alten Rechtslage in einzelnen Instituten angestellt und daraufhin eine Risikoanalyse durchgeführt habe, welche die Folgen der Nicht-Umsetzung der DSGVO betraf. Die größten so ermittelten Risiken wurden auf einem Sondertreffen des „Düsseldorfer Kreises"[2] diskutiert. Vor allem ging es dabei nach den Ausführungen *Seligs* um bereits erteile Einwilligungen und ob hier eine erneute Einholung erforderlich sei, was aufgrund der niedrigen Rücklaufquoten praktisch unmöglich erscheine. Seitens der Datenschutzbehörde werde eine Erforderlichkeit jedoch abgelehnt. Weitere diskutierte Themenbereiche waren die Rückwirkung, sowie der Kopieanspruch gemäß Art. 15 Abs. 3 und 4 DSGVO, für welchen *Selig* jedoch kein Fall der Geltendmachung seitens eines Kunden bekannt war. Darüber hinaus wurden noch die Auftragsdatenverarbeitung, die Fortgeltung der Bestellung von Datenschutzbeauftragten sowie das Recht auf Datenübertragbarkeit gemäß Art. 20 DSGVO thematisiert.

Die Ergebnisse auf Ebene des DK wurden den Verbänden und Instituten mitgeteilt. Die Umsetzung bedeute einen erheblichen Aufwand für die Institute. Als ein Beispiel nannte *Selig* die Prüfung der Rechtmäßigkeit der Datenverarbeitung, die eine Überprüfung jedes einzelnen Verarbeitungsprozesses bedinge. Darüber hinaus müssten eine Vielzahl an Formularen im Kundenverkehr überprüft und aktualisiert werden.

---

2 Der Düsseldorfer Kreis dient seit 2013 als Gremium in der Konferenz der unabhängigen Datenschutzbehörden des Bundes und der Länder der Kommunikation, Kooperation und Koordinierung der Aufsichtsbehörden im nicht-öffentlichen Bereich.

Zuletzt gab *Selig* noch einen Ausblick für die Zukunft: es sei sehr wichtig, dass die Gesetzgebung und die korrespondierenden Stellungnahmen sowohl auf europäischer als auch auf nationaler Ebene im Auge behalten und die erforderlichen Umsetzungen vorgenommen werden.

4. Dr. *Henning Berger*, Rechtsanwalt, Berlin, warf in der sich anschließenden Diskussion die Frage auf, ob die Arbeit der DK insbesondere darauf gezielt habe, Branchenstandards zu entwickeln und ob dieses Ziel aus der Sicht von *Selig* erreicht worden sei. *Selig* antwortete, dass die DK sich bemüht habe, Branchenstandards zu schaffen. Insbesondere bei der datenschutzrechtlichen Information der Kunden sei dies gelungen und auf anderen Gebieten zumindest teilweise, vor allem bei der Einwilligungslösung allerdings nicht. *Selig* führte dies auf die Inhomogenität der DK selbst und der diese konstituierenden Gruppen zurück.

Mülbert stellte die Frage, ob private Handys (vor allem Nutzung von WhatsApp) weiterhin benutzt werden könnten und wie mit dem Austausch personenbezogener Daten zwischen Bank und Kunde, beispielsweise per E-Mail, umgegangen werde. *Selig* antwortete, dass diese beiden Punkte auch im Bankenbereich noch erhebliche Probleme bereiteten und insofern noch keine optimale Lösung gefunden worden sei. Vor allem sei die Kommunikation per E-Mail problematisch, da eine normale E-Mail unverschlüsselt versendet werde. Dies entspreche nicht den Datenschutzstandards der DSGVO. Hinsichtlich der Nutzung von WhatsApp antwortete *Selig*, dass diese in vielen Fällen nicht mit datenschutzrechtlichen Bestimmungen vereinbar sei. Dies betreffe zum einen den Inhalt der Nachrichten, zum anderen auch die Übermittlung selbst, da diese zwar verschlüsselt erfolge, jedoch über die USA laufe.

Prof. Dr. *K. Peter Mailänder*, Rechtsanwalt, Stuttgart, fragte nach der Abstimmung mit anderen Aufsichtsbehörden, insbesondere der BaFin und dem Bundeskartellamt. *Selig* nutzte die Frage um klarzustellen, dass im Düsseldorfer Kreis keine kartellrechtlichen Fragen erörtert worden seien. Mit der BaFin habe hinsichtlich der datenschutzrechtlichen Fragen keine Abstimmung stattgefunden, allerdings sei bei den Abstimmungen im Düsseldorfer Kreis ein Vertreter der BaFin zugegen gewesen.

Prof. Dr. Dr. Dr. h.c. mult. *Klaus J. Hopt*, MPI, Hamburg, fragte, inwieweit sich durch die DSGVO etwas an den Auskunftsansprüchen der Bankkunden im Fall von Überweisungen ändere. *Selig* antwortete, er gehe davon aus, dass die Auskunft weiterhin vollständig erteilt werde, d.h. dass Auskunft über Zahler und Zahlungsempfänger erteilt werden müsse.

5. Univ.-Prof. Dr. *Robert Freitag*, Universität Erlangen-Nürnberg, trug zum Thema „Die Digitalisierung von Bankprodukten im Lichte des BGB“ vor. *Freitag* wies

zunächst auf die Breite des Themas hin und dass er sich bei seinem Vortrag auf das Massengeschäft von Banken, insbesondere auf Verbraucherdarlehensverträge sowie den Abschluss und die Erfüllung von Zahlungsdiensterahmenverträgen im Online-Geschäft beschränke. Dann stellte er die typischen Abläufe im typischen Massengeschäft und deren systematische Einordnung dar.

Freitag ging sodann auf die vorvertraglichen Informationspflichten (VVI) ein, welche sich nach vertriebsbezogenen VVI (§ 312d Abs. 2 BGB, Art. 246b EGBGB) und produktbezogenen VVI (§ 491a BGB iVm. Art. 247 EGBGB und § 675d BGB iVm. Art. 248 EGBGB) unterteilen ließen. Darüber hinaus habe die Bank dem Kunden einen Vertragsentwurf auszuhändigen. Bei einem Verbraucherdarlehen bestehe überdies eine Pflicht des Instituts, die verwendeten Klauseln verständlich zu machen. Verstöße gegen diese Pflichten können eine Haftung aus *culpa in contrahendo* nach sich ziehen. Auch nach dem Vertragsschluss bestehen weitere Mitteilungspflichten, deren Nichtbeachtung zu einem Schadensersatz nach § 280 Abs. 1 BGB, ggf. iVm. §§ 280 Abs. 2, 286 BGB führen könne. Als mittelbare Sanktion gegen Verstöße nannte *Freitag* das unbefristete Widerrufsrecht.

Weiterer Schwerpunkt des Vortrages war das Text- bzw. Schriftformerfordernis. Im Digitalgeschäft bestehe die Möglichkeit der qualifizierten elektronischen Signatur, von welcher aufgrund der fehlenden Hardware jedoch in den meisten privaten Haushalten kein Gebrauch gemacht werde. *Freitag* erläuterte sodann in diesem Zusammenhang das sog. elektronische Bankpostfach, welches nach dem „BAWAG"-Urteil des EuGH[3] die Textform erfüllen könne, wenn der Kunde die Informationen dort dauerhaft und unveränderlich abrufen könne und separate Informationen auf einem anderen Kanal übermittelt werden.

Freitag schloss seinen Vortrag damit, dass die zivilrechtlichen Probleme im elektronischen Verkehrs bereits zum jetzigen Zeitpunkt weitestgehend handhabbar seien und lediglich beim Schriftformerfordernis ein Handeln des Gesetzgebers gefordert sei.

[Beitrag *Freitag*, S. 3 ff.]

6. Dr. *Nils Rauer*, MJI, Rechtsanwalt, Frankfurt am Main, referierte zum Thema „Daten als wirtschaftliches Gut – Regulierung, Schutz und Eigentum". *Rauer* stellte seinem Vortrag eine allgemeine Überlegung zur Regulierung als solcher voran und kam zu dem Ergebnis, dass eine gute Regulierung sich dadurch auszeichne, dass sie in sich stimmig und sektorübergreifend abgestimmt sei.

3 EuGH v. 25.1.2017 – Rs. C-375/15, NJW 2017, 871 ff.

Der Schwerpunkt seines Vortrages lag auf dem Verhältnis zwischen der DSGVO und der PSD II. Während es vorrangiges Ziel der DSGVO sei, eine Harmonisierung des Datenschutzrechts zu erreichen, handele es sich bei der PSD II um eine zahlungsrechtliche Regulierung. Allerdings sei auch in der PSD II eine Regelung zum Datenschutz in Art. 94 PSD II zu finden. Der in Absatz 1 enthaltene Verweis auf Richtlinie 95/46/EG, bei welcher es sich um die Vorgängerin der DSGVO handelte, sei in einen Verweis auf die DSGVO umzudeuten. Dass Absatz 2 eine ausdrückliche Zustimmung für das Abrufen, Verarbeiten und Speichern personenbezogener Daten vorsehe, während die DSGVO bereits eine implizite Zustimmung ausreichen lasse, stelle nach *Rauer* kein Problem dar, da gemäß Art. 6 Abs. 1 lit. c) DSGVO ein Vorrang anderer gesetzlicher Regelungen möglich sei.

Sodann problematisierte *Rauer* die Herausgabe von Daten. In Art. 67 Abs. 3 lit. b) PSD II ist normiert, dass der kontoführende Zahlungsdienstleister Datenanfragen, welche durch Kontoinformationsdienstleister übermittelt werden, ohne Diskriminierung behandeln müsse, außer es liege ein objektiver Grund für eine Ungleichbehandlung vor. *Rauer* folgerte hieraus, dass eine Herausgabepflicht bestehe, diese jedoch nach den Vorgaben der DSGVO erfüllt werden müsse.

Zuletzt thematisierte *Rauer* die Konflikte zwischen der DSGVO und den Regelungen in Art. 67 Abs. 2 lit. f) und Art. 66 Abs. 3 lit. f) PSD II. Hiernach bestehe ein Verbot der anderweitigen Nutzung der angeforderten Daten durch Kontoinformationsdienstleister bzw. Zahlungsauslösedienstleister. Nach *Rauers* Ansicht entfalten diese Normen keine Sperrwirkung für eine anderweitige Nutzung der Daten, wenn und soweit diese unter datenschutzrechtlichen Gesichtspunkten gerechtfertigt sei.

[Beitrag *Rauer*, S. 31ff.]

7. Zu Beginn der Diskussion stellte Dr. *Wolfgang Burghardt*, Rechtsanwalt, München, die Frage, ob in dem Fall, dass ein Nicht-Kunde in einer Sparkasse eine Überweisung in Auftrag gebe und den entsprechenden Betrag bar einzahle, die verarbeitende Sparkasse eine gesonderte Einwilligung zur Datenverarbeitung und Datenspeicherung benötige. *Rauer* antwortete, dass nach den Anforderungen der PSD II keine ausdrückliche Einwilligung notwendig sei, denn dies sei kein Anwendungsfall der PSD II, da kein Kontoinformationsdienst oder Zahlungsauslösedienst involviert sei.

Univ.-Prof. Dr. *Susan Emmenegger*, Universität Bern, richtete die Frage an *Rauer*, welcher Anwendungsbereich noch für jene Normen der PSD II verbleibe, die gerade festlegen, dass Kontoinformationsdienste und Zahlungsauslösedienst die Daten nur für diesen entsprechenden Dienst nutzen dürften, wenn diese Vorschriften in der von *Rauer* beschriebenen Art und Weise interpretiert werden. Eine solche Auslegung sei insbesondere deshalb verwunderlich, weil die entsprechenden Kontoinformationsdienste gerade die Infrastruktur der Bank nutzen würden, ohne die Bank für diese Nutzung zu entschädigen.

Rauer erklärte, dass gerade der Aspekt der fehlenden finanziellen Entschädigung von vielen Seiten in diesem Zusammenhang auf Unverständnis gestoßen sei. Auch *Rauer* könne diesen Einwand grundsätzlich nachvollziehen. Zugleich warnte er jedoch vor einer Vermengung von Fragen der Fairness einer zahlungsrechtlichen Vorschrift, mit Fragen des Datenschutzes. Ggf. müsse durch den Gesetzgeber eine Entschädigungspflicht eingeführt werden. Aus datenschutzrechtlicher Sicht könne allerdings keine Sperrwirkung abgeleitet werden. Der Datenschutz ziele auf den Schutz der einzelnen Person, nicht auf den Schutz der Infrastruktur der Bank. Soweit der Zahlungsdienstleister sich an alle Bestimmungen der PSD II halte und insbesondere die ausdrückliche Einwilligung gem. Art. 94 Abs. 2 PSD II vorliege, bestehe laut *Rauer* kein Grund dafür, dem Anbieter nicht zu gestatten, dem Kunden ein weiteres nicht reguliertes Produkt anzubieten. Für solche nicht regulierten Produkte müsse der Anbieter dann nur das Datenschutzrecht beachten.

Dr. *Rainer Metz*, Rechtsanwalt, Krefeld, richtete die Frage an *Freitag*, ob dieser noch einmal näher auf die Erläuterungspflichten eingehen könne. Vor allem stellte *Metz* dabei die Frage, ob die Erläuterungspflichten nicht eine für das deutsche Recht neue Kategorie seien, welche sich zwischen der verständlichen Information und einer Beratung ansiedelten. *Freitag* stellte klar, dass eine Erläuterung auch nach seinem Dafürhalten mehr sei als eine ganz normale Information. Allerdings beziehe sich die Erläuterungspflicht auf die Vertragsbestimmungen. Diese müssten verständlich gemacht werden. Hierbei sei allerdings eine abstrakte Beratung durch die Bank ausreichend. *Freitag* hielt die Ansicht von *Metz*, dass es sich bei den Erläuterungspflichten um eine dritte Kategorie handele, im Ergebnis für zutreffend.

4 2. Abteilung

Die zweite Abteilung moderierte Univ.-Prof. Dr. *Markus Artz*, Universität Bielefeld.

8. Dr. *Christian Grüneberg*, Richter am BGH, Karlsruhe, eröffnete das Programm der zweiten Abteilung am Nachmittag des Bankrechtstages mit einem Vortrag zum Thema „Vorfälligkeitsentschädigung". *Grüneberg* begann seinen Vortrag mit einem allgemeinen Überblick über das Thema. So seien zum besseren Verständnis

zwischen dem Verbraucherdarlehen und dem Nichtverbraucherdarlehen zu unterscheiden und bei Ersterem nochmals zwischen einem allgemeinen Verbraucherdarlehen und einem Immobiliar-Verbraucherdarlehen. Darüber hinaus müsse unterschieden werden zwischen den verschiedenen Situationen, in welchen eine Vorfälligkeitsentschädigung anfallen könne.

Grüneberg stellte sodann klar, dass die Vorfälligkeitsentschädigung durch eine Reihe von BGH-Entscheidungen entwickelt worden sei, auf welche er im weiteren Verlauf seines Vortrages einging.

Zunächst erläuterte *Grüneberg* die BGH-Entscheidung vom 12.03.1991[4], welches zur sog. Nichtabnahmeentschädigung erging. Nach heutiger Rechtslage würde diese Problematik mittels §§ 280 Abs. 1 und 3, 281 BGB gelöst. Der BGH habe damals entschieden, dass die Bank den branchenüblichen Durchschnittsgewinn, sog. Zinsmargenschaden, jedoch nur für den Zeitraum, für welchen die Bank nach den Darlehensbedingungen eine rechtlich geschützte Zinserwartung habe, verlangen könne. Sollte die Bank zur Refinanzierung selbst einen Kredit aufgenommen haben, so könne die Bank auch einen höheren Schaden, den sog. Zinsverschlechterungsschaden, bei ihrem Kunden liquidieren. Obwohl die Entscheidung selbst nicht zur Vorfälligkeitsentschädigung ergangen sei, ist sie nach *Grüneberg* von entscheidender Bedeutung, da aus den dort festgelegten Grundsätzen die Vorfälligkeitsentschädigung entwickelt wurde.

Als Nächstes stellte *Grüneberg* zwei weitere BGH-Entscheidungen vom 01.07. 1997[5] vor, in welchen entschieden wurde, unter welchen Voraussetzungen sich ein Darlehensnehmer vorzeitig von einem Festzinskredit mit vertraglich festgelegter Laufzeit lösen könne. Der Darlehensnehmer habe einen Anspruch auf vorzeitige Lossagung vom Vertrag, wenn er ein berechtigtes Interesse aufweise und eine angemessene Vorfälligkeitsentschädigung zahle. Der Gesetzgeber habe diese Rechtsprechung 2001 in § 490 BGB niedergelegt.

Zuletzt stellte *Grüneberg* noch zwei weitere Entscheidungen vom 19.01.2016[6] und vom 20.02.2018[7] vor, welche beide die Kündigung durch den Darlehensgeber wegen Zahlungsverzug des Darlehensnehmers betrafen. Bei einem Verbraucherdarlehen stehe der Bank gemäß § 497 Abs. 1 BGB lediglich ein Anspruch auf den Verzugsschaden zu, wohingegen bei einem Nichtverbraucherdarlehen die Bank den Schadensersatz statt der Leistung gemäß §§ 280 Abs. 1 und 3, 281 BGB sowie eine Vorfälligkeitsentschädigung geltend machen könne.

---

4 BGH, Urt. vom 12.3.1991 – XI ZR 190/90, WM 1991, 760.

5 BGH, Urt. vom 1.7.1997 – XI ZR 267/96, BGHZ 136, 161 und XI ZR 197/96, WM 1997, 1799.

6 BGH, Urt. v. 19.1.2016 – XI ZR 103/15, BGHZ 208, 278.

7 BGH, Urt. v. 20.2.2018 – XI ZR 445/17, WM 2018, 782.

Abschließend ging *Grüneberg* noch auf die Besonderheiten der Vorfälligkeitsentschädigung beim Nichtverbraucherdarlehen und deren Berechnung ein. So sei bei der Kündigung durch den Darlehensgeber wegen Vermögensverschlechterung nicht zwingend ein Anspruch auf eine Vorfälligkeitsentschädigung gegeben, da der Darlehensnehmer nicht den Erhalt seiner Bonität schulde. Insgesamt bestehen nach *Grüneberg* noch viele offene Bereiche hinsichtlich der Vorfälligkeitsentschädigung und es müsse bei jedem Einzelfall wieder überprüft werden, ob die frühere Rechtsprechung des BGH noch anwendbar sei.

[Beitrag *Grüneberg*, S. 57 ff.]

9. Univ.-Prof. Dr. *Martin Spitzer*, Wirtschaftsuniversität Wien, setzte das Programm der zweiten Abteilung mit einem Vortrag zum Thema „Erfahrungen mit der Umsetzung der Wohnimmobilienkredit-Richtlinie in Österreich" fort. Einleitend stellte er klar, dass die Umsetzung der Wohnimmobilienkreditrichtlinie in Österreich wenig diskutiert und insgesamt auch als wenig problematisch angesehen wurde.

Spitzer begann mit einer kurzen Rechtsvergleichung zwischen Deutschland und Österreich. In Deutschland sei die Richtlinie in das BGB aufgenommen worden, in Österreich habe man hingegen ein eigenes Gesetz, das sog. Hypothekar- und Wohnimmobilienkreditgesetz (HIKrG), geschaffen, welches die Richtlinie recht wortlautgetreu reflektiere.

Sodann erläuterte *Spitzer* die Besonderheiten der EBA-Leitlinien im Zusammenhang mit der Wohnimmobilienkreditrichtlinie. Das verfolgte Ziel sei es, eine einheitliche europäische Bankenaufsicht zu schaffen. Allerdings sei die Rechtsnatur der Leitlinien in Österreich weitgehend ungeklärt. So gehe von den EBA-Leitlinien zwar keine unmittelbare Rechtswirkung aus, doch sei eine Beachtung dennoch zwingend geboten. *Spitzer* ging daher davon aus, dass „durch die Leitlinie der Wille der Richtlinie durchscheine". Schließlich beschäftigte sich der Vortrag noch mit dem in Österreich viel diskutierten § 9 HIKrG, welcher sich mit der Kreditwürdigkeitsprüfung des Verbrauchers befasse. Sollte die Kreditwürdigkeit nicht gegeben sein, so folge darauf sein Kreditvergabeverbot (§ 9 Abs. 5 HIKrG), dessen Nichtbeachtung eine Verwaltungsstraftat darstelle und mit einer Strafe von bis zu 10.000,– € sanktioniert werde, § 30 Z 4 HIKrG. Die zivilrechtlichen Folgen der Nichtbeachtung richten sich nach den allgemeinen Regeln.

Spitzer schloss seinen Vortrag mit dem Fazit, dass die Richtlinie als auch ihre Umsetzung in Österreich nicht optimal sei, man sich einer österreichischen Tugend folgend jedoch „mit der Situation arrangiert" habe.

[Beitrag *Spitzer*, S. 77 ff.]

10. *Judith Wittig*, Syndikus, Frankfurt am Main, sprach zuletzt zum Thema „Erfahrungen mit der Umsetzung der Wohnimmobilienkredit-Richtlinie in Deutschland“. *Wittig* wies einleitend darauf hin, dass mit der Umsetzung der Richtlinie neue Begrifflichkeiten eingeführt wurden. So sei beim Verbraucherdarlehensrecht nun zwischen einem Allgemein-Verbraucherdarlehensvertrag und einem Immobiliardarlehensvertrag zu unterscheiden. Bei Letzterem handele es sich um einen entgeltlichen Darlehensvertrag zwischen einem Unternehmer und einem Verbraucher, der entweder durch ein Grundpfandrecht oder eine Rentenschuld besichert oder für den Erwerb oder die Erhaltung des Eigentumsrechts bestimmt sei. Mit der neuen Rechtslage sei nun auch der unentgeltliche Darlehensvertrag geregelt.

Wittig gab dann einen Überblick über die in Deutschland geführten Diskussionen, welche im Zusammenhand mit der Einführung des Gesetzes stattfanden und überwiegend kritisch ausfielen. Vor allem die Verwendung von zahlreichen unbestimmten Rechtsbegriffen, der Umgang mit einer Umschuldung oder Anschlussfinanzierung und die untergeordnete Rolle der Werthaltigkeit des Grundstücks bei der Kreditwürdigkeitsprüfung standen dabei im Fokus der Kritik. Der Gesetzgeber habe darauf mit dem Erlass des Finanzaufsichtsrechtsergänzungsgesetzes[8] und der Nachfrage bei der Europäischen Union reagiert. Diese stellte klar, dass mit der Kreditwürdigkeitsprüfung ein präventiver Zweck verfolgt werde und daher bei einer Umschuldung oder einer Anschlussfinanzierung keine Kreditwürdigkeitsprüfung mehr notwendig sei. Dies habe Niederschlag in der Regelung des § 505a Abs. 3 BGB gefunden.

Einen Schwerpunkt setzte *Wittig* auf die Sanktionen bei einer schuldhaft fehlerhaft durchgeführten Kreditwürdigkeitsprüfung. Die Folgen seien eine Reduzierung des Vertragszins- auf den Refinanzierungszinssatz, welcher automatisch für die Vergangenheit gelte, sowie ein Anspruch des Darlehensnehmers auf Erstattung der zu viel bezahlten Zinse für die Vergangenheit. Darüber hinaus habe der Darlehensnehmer einen Anspruch auf Neuanfertigung des Darlehensvertrages mit neuen Konditionen und ein Recht auf weitere Kapitalnutzung. Dem Darlehensgeber stehe hingegen nicht einmal bei Zahlungsverzug ein Kündigungsrecht zu.

Der weitere Schwerpunkt des Vortrages lag auf den sog. Beratungsleistungen. Nach Ansicht des BGH sei ein Finanzierungsberatungsvertrag sehr schnell abgeschlossen, nämlich dann, wenn der Kunde zu den Konditionen eines Dar-

---

8 Gesetz zur Umsetzung der Zweiten Zahlungsdiensterichtlinie vom 17. Juli 2017, BGBl. I S. 2446.

lehensvertrags beraten werden will und die Bank sich auf dieses Gespräch einlasse. Nur wenn der Kunde mit einem konkreten Vertragsvorschlag auf die Bank zukomme und diese den Vertrag abschließe, komme nach der Rechtsprechung kein Beratungsvertrag zustande. Bei einer Falschberatung stehe dem Kunden Schadensersatz in Höhe der Differenz zwischen dem abgeschlossenen Vertrag und einem günstigeren Darlehen zu.

Wittig schloss ihren Vortrag mit dem Fazit, dass es wichtig gewesen sei, dass nach Umsetzung der Wohnimmobilienkreditrichtlinie entsprechende Diskussionen geführten worden seien, dass jedoch aber auch im Hinblick auf die Beratungsverträge hohe Risiken für die Institute bestehen.

[Beitrag *Wittig*, S. 99 ff.]

11. Zu Beginn der Diskussion stellte Dr. *Kolja Dörrscheidt*, Rechtsanwalt, Frankfurt am Main, die Frage an *Grüneberg*, ob das Urteil des BGH vom 20. Februar 2018 Neuerungen hinsichtlich der Schadensberechnung bringe. *Grüneberg* stellte insoweit klar, dass insbesondere der im Vortrag dargestellte Dualismus der Schadensberechnung ständige Rechtsprechung sei, es insoweit also keine Veränderung gegeben habe.

Mülbert richtete die Frage an *Wittig*, worin die Beratungsleistung im beschriebenen Kontext bestehe. *Mülbert* habe *Wittig* insoweit so verstanden, dass die Beratungsleistung nicht zwangsläufig in einer Empfehlung liegen müsse, sondern ggf. in einem „Weniger". *Wittig* entgegnete, dass man sich hierbei an die Rechtsprechung zur Anlageberatung anlehne, sodass schon eine Empfehlung zu erteilen sei. Dies könne auch dazu führen, dass ein bestimmtes Darlehen nicht empfohlen werden kann. Vor allem wenn auch noch die Kreditwürdigkeitsprüfung negativ ausfalle, dürfe erst gar kein Vertrag abgeschlossen werden.

Artz stellte die Frage an *Spitzer*, ob sich in Österreich die Rechtslage so darstelle, dass die Wohnimmobilienkredit-Richtlinie nur dann anwendbar sei, wenn die eigene Immobilie belastet werde. In Deutschland sei dies gerade nicht der Fall. Allerdings sei eine dahingehende Umsetzung wohl in Spanien geplant. *Spitzer* antwortete, eine solche Beschränkung gäbe es auch in Österreich nicht. Diese würde auch der teleologischen Ausrichtung der Richtlinie nicht ausreichend Rechnung tragen.

Stichwortverzeichnis

https://doi.org/10.1515/9783110641103-008

www.ingramcontent.com/pod-product-compliance
Lightning Source LLC
LaVergne TN
LVHW102231300926
849160LV00006B/93